edizioni
terra santa

Per informazioni sulle opere pubblicate
e in programma rivolgersi a:

Edizioni Terra Santa
Via G. Gherardini 5 - 20145 Milano (Italy)
tel.: +39 02 34592679 fax: +39 02 31801980
http://www.edizioniterrasanta.it
e-mail: editrice@edizioniterrasanta.it

Giuseppe Cassio - Pietro Messa

Il cibo
di Francesco

Anche di pane vive l'uomo

edizioni
terra santa

Progetto grafico: Elisa Agazzi

In copertina:
Marko Ivan Rupnik, *San Francesco porta il pane a un frate
che lo imita nel digiuno*, santuario di San Pio da Pietrelcina
(San Giovanni Rotondo, Fg)

Finito di stampare nell'aprile 2015
da Corpo 16 s.n.c. - Modugno (Ba)
per conto di Fondazione Terra Santa

ISBN 978-88-6240-339-9

Anche di pane visse Francesco

Il vangelo secondo Matteo narra che al diavolo che gli proponeva di trasformare i sassi in pane Gesù rispose «Sta scritto: Non di solo pane vivrà l'uomo, ma di ogni parola che esce dalla bocca di Dio» (Mt 4,3-4). La frase è un rimando a quanto scritto nel libro del Deuteronomio: «Egli dunque ti ha umiliato, ti ha fatto provare la fame, poi ti ha nutrito di manna, che tu non conoscevi e che i tuoi padri non avevano mai conosciuto, per farti capire che l'uomo non vive soltanto di pane, ma che l'uomo vive di quanto esce dalla bocca del Signore» (Dt 8,3).

Quindi non di solo pane, ma *anche* di pane! Tuttavia, a guardare quanto si divulga di san Francesco d'Assisi, pare che egli non avesse nulla a che fare con il bisogno primario di nutrirsi: si parla di povertà, pace, fratellanza, spiritualità, ma quasi nulla di come e cosa mangiasse. Eppure anche nella sua vicenda è implicato il cibo, essendo un fatto imprescindibile della vita, ma anche perché scelse di vivere la forma del santo Vangelo seguendo le orme di Gesù e ciò lo condusse non tanto a tollerare il corpo con le sue necessità, ma ad accoglierlo come conseguenza dell'Incarnazione. Quindi, leggendo le fonti inerenti a Francesco d'Assisi, a cominciare dagli scritti, si intravede che il cibo è ben presente nella sua vita.

«Sia loro lecito mangiare di tutti i cibi»

Contrariamente a quanto normalmente si pensa, frate Francesco sapeva leggere, scrivere e fare i conti, come dimostrano anche un paio di scritti autografi giunti sino ad oggi; quindi, pur non essendo un uomo di cultura come ad esempio il suo contemporaneo frate Antonio di Padova, l'Assisiate possedeva una certa istruzione, e così si posseggono vari scritti che trasmettono il suo pensiero, anche in merito al cibo e al sostentamento.

La cosiddetta *Regola non bollata* composta intorno al 1221 è un testo che – lo dice lo stesso appellativo – non venne mai approvato da una bolla pontificia ufficiale; fu scritta partendo da un nucleo iniziale presentato a Innocenzo III intorno al 1210 e arricchito nel tempo da una serie di ampliamenti, divieti, commenti che trovarono una redazione durante il capitolo di Pentecoste – tradizionalmente conosciuto come "Capitolo delle stuoie" – in cui si ribadirono i principi fondamentali dell'esperienza di Francesco e dei suoi fratelli. Dalla lettura della *Regola non bollata* si evincono chiaramente i punti fondamentali del cammino intrapreso dal figlio del mercante Pietro di Bernardone a partire dalle scelte che egli consegna ai suoi frati: l'obbedienza caritativa, la castità come espressione dell'affezione a Cristo, l'abbandono di qualsiasi tipo di bene e l'adesione semplice al Vangelo. Per tale motivo Francesco supplica più volte i suoi fratelli di amare e conservare le regole affinché diventino il costante riferimento per seguire le orme del Signore Gesù, senza trascurare i bisogni fisici cui l'autore dedica alcuni punti del testo. Un passaggio, in particolare, si sofferma sul nutrimento corporale. Partendo dall'immagine della madre che nutre il proprio figlio, Francesco coglie l'occasione per indicare ai fratelli il modo con il quale trattarsi vicendevolmente. E, proseguendo nell'ambito del sostentamento, si rivolge a loro con parole esortative, dicendo che nessun giudizio colpisca la scelta del mangiare se ciò corrisponde ai criteri di necessità corporale, quindi al sano principio della sobrietà e della regolatezza:

> E con fiducia l'uno manifesti all'altro la propria necessità, perché l'altro gli trovi le cose che gli sono necessarie e gliele dia. E ciascuno ami e nutra il suo fratello, come la madre ama e nutre il proprio figlio, in quelle cose in cui Dio gli darà grazia. E colui che mangia, non disprezzi chi non mangia, e chi non mangia, non giudichi colui che mangia. E ogniqualvolta sopravvenga la necessità, sia consentito a tutti i frati, ovunque si trovino, di servirsi di tutti i cibi che gli uomini possono mangiare, così come il Signore dice di Davide, il quale mangiò i pani dell'offerta che non era permesso mangiare se non ai sacerdoti. E si ricordino che il Signore dice: «State bene attenti, che i vostri cuori non si appesantiscano nella crapula e nell'ubriachezza e nelle preoccupazioni di questa vita e che quel giorno non piombi su di voi all'improvviso, poiché cadrà come un laccio su tutti coloro che abitano sulla faccia della terra». Similmente, ancora, in tempo di manifesta necessità tutti i frati per le cose loro ne-

cessarie provvedano così come il Signore darà loro la grazia, poiché la necessità non ha legge.[1]

Sempre verso il principio della vita evangelica si spinge un altro passaggio della *Regola non bollata*, in cui Francesco esorta a considerare il cibo e il vestito non tanto come mezzi di smoderatezza ma come valori essenziali per il normale svolgimento della vita terrena. A un certo punto ribadisce: «Tutti i frati si impegnino a seguire l'umiltà e la povertà del Signore nostro Gesù Cristo, e si ricordino che di tutto il mondo, come dice l'Apostolo, noi non dobbiamo avere nient'altro, se non il cibo e l'occorrente per vestirci, e di questo ci dobbiamo accontentare»[2].

Il cammino della vita di un frate doveva quindi essere disciplinato dalla *Regola,* la quale citando il Vangelo così si esprime in proposito: «Quando i frati vanno per il mondo, non portino niente per via, né sacco, né bisaccia, né pane, né pecunia, né bastone. E in qualunque casa entreranno dicano prima: Pace a questa casa. E dimorando in quella stessa casa mangino e bevano quello che ci sarà presso di loro»[3].

L'indicazione è chiara: l'itineranza non prevede "bagagli" ma una fiducia indefessa nei confronti della provvidenza, ossia che il Padre misericordioso si prende cura dei suoi figli. La predicazione era soggetta comunque a spostamenti continui e ad assenze prolungate dei frati, che molto spesso si trovavano nella condizione di accettare l'ospitalità gratuita loro riservata. È per questo che

[1] FRANCESCO D'ASSISI, *Regola non bollata,* IX,13-20, in *Fonti Francescane. Nuova edizione,* a cura di E. Caroli, Editrici Francescane, Padova 2004 (d'ora in poi FF): FF 32-33.

[2] FRANCESCO D'ASSISI, *Regola non bollata,* IX,1-2: FF 29.

[3] FRANCESCO D'ASSISI, *Regola non bollata,* XIV,1-3: FF 40.

Francesco indica il comportamento da tenere, ossia quello mostrato da Cristo ai discepoli. Il saluto di pace è il primo gesto di riconoscenza e di annuncio. Ad esso segue l'indispensabile accettazione delle tradizioni familiari, così come la condivisione del cibo offerto senza alcuna pretesa: proprio la vita itinerante esigeva di accogliere qualsiasi cibo e di non potersi uniformare a certe norme – quale ad esempio l'astinenza dalla carne e da certi cibi considerati non penitenziali – possibili da rispettarsi solo per chi conduceva vita stabile in un monastero. Ciò non significa che non vi siano prescrizioni ascetiche: infatti lo stesso Francesco nella Regola bollata indica il digiuno come mezzo privilegiato di rinuncia a se stessi – quindi al gusto di mangiare – per cibarsi principalmente della presenza di Dio.

Il digiuno si pratica per evidenziare un periodo forte dell'anno liturgico, ossia viverlo con più intensità, come l'Avvento (prolungato cominciandolo già nella festa di Tutti i Santi) e la Quaresima, quando Francesco rispettava – e lo stesso chiedeva ai frati – il digiuno di quaranta giorni corrispondente al periodo in cui Cristo si ritirò nel deserto. Un digiuno, quello che precede la Pasqua, che parte dall'annuncio della stessa compiuto dalla Chiesa mediante la liturgia, ossia dalla solennità dell'Epifania del Signore. In breve, i frati avrebbero dovuto digiunare circa sei mesi all'anno e settimanalmente il venerdì a ricordo della morte di Cristo:

> E similmente, tutti i frati digiunino dalla festa di Tutti i Santi fino al Natale e dall'Epifania, quando il Signore nostro Gesù Cristo incominciò a digiunare, fino alla Pasqua. Negli altri tempi, poi, non siano tenuti a digiunare a norma di questa vita, eccetto il venerdì.

E secondo il Vangelo, sia lecito mangiare di tutti quei cibi che verranno loro presentati [cfr. Lc 10,8].[4]

Sulla condivisione e l'amorevole servizio dei fratelli insiste la *Regola*, ossia il testo confermato da papa Onorio III con la bolla *Solet annuere* del 29 novembre 1223. Si tratta di un documento ufficiale in cui la somma autorità della Chiesa approva la fraternità evangelica ormai strutturata nell'ordine dei Frati Minori, che continuano a intessere relazioni familiari alternandosi a svolgere, in qualsiasi luogo si trovino, il ruolo materno o filiale a seconda del bisogno. Così recita:

E ovunque sono e si incontreranno i frati, si mostrino tra loro familiari l'uno con l'altro. E ciascuno manifesti all'altro con sicurezza le sue necessità, poiché se la madre nutre e ama il suo figlio carnale, quanto più premurosamente uno deve amare e nutrire il suo fratello spirituale? E se qualcuno di essi cadrà malato, gli altri frati lo devono servire così come vorrebbero essere serviti essi stessi.[5]

È evidente che anche questo passaggio fa riferimento al nutrimento corporale e ricorre all'immagine materna per spiegare con maggiore facilità cosa si debba fare per vivere

---

[4] FRANCESCO D'ASSISI, *Regola non bollata*, III,11-13: FF 12. Sarà ripreso in *Regola bollata*, III,5-9: FF 84: «E digiunino dalla festa di Tutti i Santi fino alla Natività del Signore. La santa Quaresima, invece, che a partire dall'Epifania dura ininterrottamente per quaranta giorni e che il Signore consacrò con il suo santo digiuno, coloro che volontariamente la digiunano siano benedetti dal Signore, e coloro che non vogliono non vi siano obbligati. Ma l'altra, fino alla Risurrezione del Signore, la digiunino. Negli altri tempi non siano tenuti a digiunare, se non il venerdì. Ma in momenti di manifesta necessità i frati non siano tenuti al digiuno corporale».

[5] FRANCESCO D'ASSISI, *Regola bollata*, VI,7-9: FF 91-92.

pienamente la fraternità. Il concetto di "madre" piace molto a Francesco che ne fa spesso uso per definire anche la terra, luogo privilegiato della creazione e spazio del vivere umano. Non di rado la chiama "madre" e così la disegna nel suo maggior poema, ossia il *Cantico di frate sole*: «Laudato si', mi' Signore, per sora nostra matre Terra, / la quale ne sustenta e governa, /e produce diversi frutti con coloriti flori et herba»[6].

Francesco d'Assisi, *Cantico di frate sole*, Assisi, Biblioteca del Sacro Convento, Manoscritto 338

---

[6] FRANCESCO D'ASSISI, *Cantico di frate sole*, 20: FF 263. Commenta padre Carlo Paolazzi (*Ibidem*): «La Terra è *sora*, perché anch'essa creata da Dio (cfr. Gn 1,1), è *matre* perché coopera con il Creatore (cfr. Gn 1,11-24; 2,7) nel generare gli esseri viventi e nell'alimentare gli uomini con i suoi *frutti* e gli animali con l'*erba* verde (*governa*, termine ancora vivo nel mondo agricolo, vale appunto "dà da mangiare agli animali")».

E ancora, nella *Lettera a fra Leone*, Francesco non risparmia neppure se stesso configurandosi *sicut mater* che nutre, cura e protegge i suoi figli: «Così dico a te, figlio mio, come una madre»[7].

Francesco d'Assisi, *Lettera autografa a fra Leone*, Spoleto, Cattedrale, Cappella delle reliquie

[7] FRANCESCO D'ASSISI, *Lettera a frate Leone*, 2: FF 250. Un commento a tale lettera si trova in J. DALARUN, "*Sicut mater*. Una rilettura del biglietto di Francesco d'Assisi a frate Leone", in *Frate Francesco* 75 (2009), pp. 19-51.

In tale veste lo ritrae il Maestro della Tavola Bardi [fig. 1] nella cappella omonima in Santa Croce a Firenze (1243 ca.), che si ispira alla prima *Vita* scritta da Tommaso da Celano in occasione della canonizzazione di Francesco ma anche al *Testamento*. L'autore della tavola vuole offrire un modello di vita esemplare, di un uomo che disprezza il denaro, ha cura amorevole dei lebbrosi, predica davanti al sultano, scampa al naufragio nel fallito tentativo di raggiungere la Siria: un esempio, insomma, che non smette di essere "prossimo per il prossimo", anche quello più ripugnante per malattia o miseria. Emblematica in tal senso la scena che raffigura san Francesco seduto sopra una specie di faldistorio con un lebbroso in braccio, *sicut mater*, prendendo in prestito l'iconografia della *Virgo lactans* ma anche quella della Pietà dolorosa, come mostrano le immagini coeve.

Per il Santo di Assisi, insomma, la madre è colei che genera, nutre, sostiene e si prende cura – cioè "governa" – dei suoi fratelli. In tale veste è raffigurato in taluni "alberi francescani" – veri e propri alberi genealogici del francescanesimo –, dove il tronco sale diritto dal petto di Francesco, che in tal modo nutre tutti i suoi rami. Il fratello deve cioè farsi madre per l'altro fratello, come colui che si mette a servizio dell'altro secondo i suoi bisogni. In questo sta l'amore evangelico, quello che si configura nel gesto della lavanda dei piedi che precede la partecipazione alla cena pasquale (cfr. Gv 13,1-17).

Il termine *mater*, così importante per frate Francesco in quanto implica un prendersi cura dell'altro nella concretezza del nutrirlo e sostentarlo, si collega direttamente a un altro vocabolo ugualmente fondamentale per l'Assisiate, quello di *minister*. Ora si sa che "ministro" ha la sua radice in *minor*, ossia "il più piccolo", proprio come *magister* in *magis*, "il più grande".

Infatti, il figlio e fratello minore ha il compito di essere a servizio, soprattutto nel dare o nel porgere le cose necessarie, tra cui anche il cibo. Il *minor* serve a tavola, ossia ha il compito di "minestrare", scodellare la vivanda, che di conseguenza prende il nome di minestra!

La Franceschina, Manoscritto della Porziuncola, c. 121v[8]

Quindi frate Francesco, auspicando un'osservanza spiritualmente letterale del Vangelo, non può che tralasciare il termine *maestro* optando per il "minoritico" *ministro*, che implica il farsi madre per i fratelli.

Alla luce di quanto detto finora, risulta che i frati devono riconoscersi "minori" e il loro compito primario, quello che li rende davvero membri della stessa fraternità e li configura come tali, sarà quello di essere "ministri", cioè coloro che servono a tavola, "ministrano" il cibo al momento opportuno, in estrema sintesi una semplice minestra! Quindi la "madre" dei frati è *minister* nel nutrire, sostentare e governare la propria famiglia e il fra-

---

[8] *La Franceschina. Testo volgare umbro del secolo XV scritto dal p. Giacomo Oddi di Perugia edito per la prima volta nella sua integrità dal p. Nicola Cavanna O.F.M.*, vol. I, S. Maria degli Angeli - Assisi 1929 (ristampa litografica 1981), p. 342.

te è chiamato a essere *mater* per i confratelli, così come Francesco, mentre si definisce *mater* verso frate Leone, riconosce frate Elia come colui che si prende cura di lui *sicut mater*[9].

---

[9] TOMMASO DA CELANO, *Vita di san Francesco*, IV,98: FF 490: «E siccome quella malattia si aggravava di giorno in giorno e sembrava peggiorare per la mancanza di cure, infine frate Elia, che Francesco aveva scelto come madre per sé e costituito padre per gli altri frati, lo costrinse a non rifiutare i rimedi della medicina in nome del Figlio di Dio, che la creò». La medesima attestazione è fatta sempre da Tommaso da Celano nell'opera scritta tra il 1232 e il 1239 e indirizzata proprio a frate Elia, in quel momento ministro generale dei Frati Minori; cfr. J. DALARUN, *La vie retrouvée de François d'Assise*, Éditions Franciscaines, Paris 2015.

Tra sobrietà
e pranzi festivi

Frate Francesco morì presso la Porziuncola al tramonto di sabato 3 ottobre; liturgicamente però si era già nella domenica 4 ottobre, giorno in cui perciò, dopo la canonizzazione da parte di Gregorio IX (1228), si celebrerà la sua festa.

Il Papa stesso commissionò immediatamente a frate Tommaso da Celano di scrivere la vita del nuovo Santo d'Assisi e così in poco tempo fu pubblicata la *Vita di san Francesco*; sul tema del nutrimento dei frati, in essa si racconta un episodio emblematico. Siamo probabilmente nella campagna laziale, dove un gruppo di fratelli giunse al tramonto di una lunga giornata passata a camminare e predicare. Stanchi e affamati, si fermarono consapevoli che non sarebbero riusciti a trovare nemmeno un tozzo di pane dal momento che il luogo in cui si trovavano era molto distante dal centro abitato più vicino. Lo sconforto fu interrotto dall'arrivo improvviso di un uomo che, pur non conoscendoli, pensò bene di donargli tutto il pane che aveva con sé. Ciò fu letto come un intervento della provvidenza che permise loro di riprendere le forze e raggiungere un luogo nei pressi di Orte dove rimasero per alcuni giorni:

I nuovi discepoli di Cristo avevano già a lungo parlato di questi santi argomenti in questa scuola di umiltà, e il giorno volgeva al tramonto. Intanto erano giunti in un luogo deserto, molto stanchi e affamati, e non potevano trovare nulla da mangiare, poiché quel luogo era molto lontano dall'abitato. Ma all'improvviso, per divina provvidenza, venne loro incontro un uomo recante del pane; lo diede loro e se ne andò. Essi, non conoscendolo, rimasero meravigliati e si esortarono devotamente l'un l'altro a confidare sempre di più nella divina misericordia. Dopo essersi ristorati con quel cibo, proseguirono fino a un luogo vicino a Orte, e qui si fermarono per circa quindici giorni. Alcuni di loro si recavano in città a cercare il vitto necessario e riportavano agli altri quel poco che erano riusciti a racimolare chiedendo l'elemosina di porta in porta, e lo mangiavano insieme lieti e ringraziando il Signore. Se avanzava qualcosa, quando non potevano donarla ai poveri, la riponevano in un sepolcro, che un tempo aveva custodito corpi di morti, per cibarsene successivamente. Quel luogo era deserto e non vi passava quasi nessuno.[1]

Tale racconto rivela alcuni elementi chiave per comprendere l'approccio dei frati al cibo. Il primo va indubbiamente ricercato nella fiducia nella provvidenza, che compare al momento del massimo sconforto, quando cioè è facile cadere nella tentazione di dubitare di lei. Il secondo si basa su una costante nella vita itinerante dei Minori, ossia la ricerca del cibo, messo in comunione a dimostrazione del fatto che la vita è innanzitutto condivisione anche del poco. Il pane, come elemento nutriti-

---

[1] Tommaso da Celano, *Vita di san Francesco*, XIV,24: FF 378.

vo, è in un certo senso la metafora della vita comunitaria, ricorda la cena di Cristo perpetuata nell'Eucaristia; esige quindi rispetto e va diviso e mangiato con ponderatezza, pensando sempre che ciò che avanza non dev'essere mai buttato ma offerto ai meno fortunati e conservato per il pasto successivo.

La medesima opera di Tommaso da Celano ricorda anche le difficoltà che la prima comunità di fratelli dovette affrontare a causa del riparo promiscuo nel tugurio di Rivotorto, nei pressi di Assisi. In quelle condizioni si accontentavano spesso di mangiare delle rape, giacché il pane non era sempre reperibile:

Il beato Francesco era solito raccogliersi con i suoi compagni in un luogo presso Assisi, detto Rivotorto, dove vi era un tugurio abbandonato, in cui quegli arditi dispregiatori delle grandi e belle case vivevano e trovavano riparo nelle bufere, perché, al dire di un santo, c'è maggior speranza di salire più presto in cielo da un tugurio che da un palazzo. Se ne stavano là con il beato padre i figli e fratelli, tra molti stenti e indigenze, non di raro privi anche del ristoro del pane, contenti di sole rape che andavano a mendicare per la pianura di Assisi. Quel luogo poi era tanto angusto che a fatica vi potevano stare seduti o stesi a terra, tuttavia «non si udiva mormorazione né lamento; con la tranquillità nel cuore ognuno conservava pieno di gioia la pazienza».[2]

---

[2] TOMMASO DA CELANO, *Vita di san Francesco*, XVI,42: FF 394. Circa la mendicità di san Francesco quando era ancora solo, narra la *Leggenda dei tre compagni*, 22: FF 1422: «Un giorno dunque si alzò, prese una scodella, ed entrato in città andava di uscio in uscio chiedendo l'elemosina. E poiché metteva nella scodella cibi di ogni sorta, molti si stupivano, ricordando come

La mancanza del pane era quindi sostituita dal consumo di rape mendicate per la pianura di Assisi, dove ci si può immaginare che venissero coltivate in piccoli porzioni di terreno bonificato, come quello su cui sorse la chiesetta della Porziuncola. In effetti, la rapa è una pianta che vanta una lunghissima storia gastronomica, essendo stata una preziosa fonte di sostentamento per molti popoli antichi, agricoltori soprattutto. Di certo non si poteva considerare un pasto nutriente ma ciò che interessa all'autore della fonte è fornire un alimento che configurasse il pasto medio di una comunità abituata a mendicare e assolutamente priva di luoghi adatti alla conservazione del cibo, a parte qualche dispensa di fortuna. Proprio come testimonia un'altra fonte:

> Frate Tommaso da Pavia, ministro provinciale nella Tuscia, disse che un certo frate di nome Stefano, uomo semplice e così pieno di candore che difficilmente crederesti che egli possa dire il falso, gli raccontava alcuni fatti, che si trascrivono qui sotto. [...] Raccontava ancora lo stesso frate Stefano di aver dimorato per parecchi mesi in un romitorio assieme al beato Francesco e ad altri frati, ed era addetto alla cucina e alla mensa e tutti seguivano questa norma di vita: per ordine di Francesco bisognava stare in silenzio e in orazione finché il detto frate Stefano non li chiamasse a pranzare al suono del coppo. Ed era abitudine del beato Francesco di

in precedenza era vissuto fra tante delicatezze e vedendolo ora cambiato fino a un tale disprezzo di se stesso. Quando volle mangiare quell'intruglio di cibi diversi, la prima reazione fu un moto di nausea, perché una volta, nonché mangiare quella roba, non avrebbe accettato neppure di guardarla. Finalmente vinse se stesso e cominciò a mangiare: e gli sembrò di non aver provato tanto gusto nemmeno nel mangiare un piatto prelibato».

uscire verso l'ora di terza dalla cella e, se non vedeva acceso il fuoco in cucina, raccoglieva con le sue
mani un mazzo di verdura, chiamando silenziosa-
mente frate Stefano: «Va' – gli diceva – e fa' cuocere queste erbe, e faranno bene ai frati». E ancora
diceva che molte volte, avendo il detto frate Stefano
fatto cuocere per i frati delle uova che gli erano state
offerte o del formaggio, il beato Francesco tutto al-
legro mangiava assieme a loro e lodava l'avvedutez-
za del suo cuoco. Ma alcune volte, con volto un po'
turbato, diceva: «Hai fatto un po' troppo, fratello;
voglio perciò che domani non prepari niente». E
lui, timorato, eseguiva la volontà del beato Francesco. Quando poi, il giorno dopo, il beato Francesco
vedeva la mensa imbandita di soli tozzi di pane di
vario genere, vi si sedeva con grande letizia assieme
ai frati, ma di tanto in tanto diceva: «Frate Stefano, perché non ci hai fatto nulla da mangiare?». E
rispondendo lui: «Perché così mi hai comandato
tu», san Francesco soggiungeva: «È cosa buona la
discrezione, ma non sempre si deve stare a quello
che dicono i superiori». Questi fatti frate Tommaso
asseriva d'averli uditi raccontare.[3]

A tale proposito si esprime sempre Tommaso da Celano
nel *Memoriale*, meglio conosciuto come *Vita seconda*, che
narra l'episodio in cui san Francesco, mentre dimora presso
Rieti – probabilmente a Fontecolombo – per farsi curare
dai medici al seguito della Curia pontificia insediata in città,
ordina ai fratelli di preparare un «buon pranzo» al medico
che si preoccupava della sua infermità:

---

[3] *Testimonianze francescane*. VI. *Frate Stefano*, 1.5: FF 2680.2685.

Trovandosi Francesco in un eremo presso Rieti, era visitato ogni giorno dal medico per la cura degli occhi. Una volta il santo disse ai compagni: «Invitate il medico e preparategli un buon pranzo». «Padre, – rispose il guardiano – te lo diciamo con rossore, ci vergogniamo a invitarlo, tanto siamo poveri in questo momento». «Volete forse che ve lo ripeta?», insistette il santo. Il medico era presente e intervenne: «Io, fratelli carissimi, stimerò delizia la vostra penuria». I frati in tutta fretta dispongono sulla tavola quanto c'è in dispensa: un po' di pane, non molto vino e, per rendere più sontuoso il pranzo, la cucina manda un po' di legumi. Ma la mensa del Signore nel frattempo si muove a compassione della mensa dei servi. Bussano alla porta e corrono ad aprire: c'è una donna che porge un canestro pieno zeppo di bel pane, di pesci e di pasticci di gamberi, e sopra abbondanza di miele e uva. A tale vista i poveri commensali sfavillarono di gioia e, messa da parte per il giorno dopo quella miseria, mangiarono di quei cibi prelibati. Il medico commosso esclamò: «Né noi secolari e neppure voi frati conoscete veramente la santità di questo uomo». E si sarebbero di certo pienamente sfamati, ma più che il cibo li aveva saziati il miracolo. Così l'occhio amoroso del Padre non disprezza mai i suoi, anzi assiste con più generosa provvidenza chi è più bisognoso. Il povero si pasce a una mensa più ricca di quella del re, quanto Dio supera in generosità l'uomo.[4]

---

[4] Tommaso da Celano, *Memoriale*, XIV,44: FF 629.

Sono ovvi i richiami evangelici della moltiplicazione dei pani e dei pesci; al loro posto si presentano cibi modesti quali legumi, pane e un po' di vino. La fiducia del Santo nei confronti della provvidenza è talmente alta che i frati preparano non senza timore di fare una brutta figura. La ricompensa arriva nel momento in cui una donna bussa alla porta e offre pane fresco, pesci e un pasticcio di gamberi, un piatto tipico delle zone lacustri che san Francesco mangiava con gusto. Non fosse sufficiente, la donna aggiunge della frutta fresca e del miele. Lo stupore dei commensali ricorda le ceste piene portate via dagli apostoli e la loro incredulità nel vedere uno dei miracoli più straordinari di Cristo. Quel che trapela dal racconto è la profonda accoglienza di san Francesco che tratta l'ospite alla pari di Gesù, riservando il meglio che egli è in grado di offrire. Al contrario, non accetta privilegi e trattamenti speciali quando a sua volta è invitato a un banchetto, riservandosi di sedere alla mensa imbandita non prima di aver mendicato il pane quotidiano, come narra Tommaso da Celano sempre nel *Memoriale*:

Per non offendere neppure una volta quella santa sposa, il servo del Dio altissimo si comportava solitamente così: se, invitato da persone facoltose, prevedeva di essere onorato con mense piuttosto copiose, prima andava elemosinando alle case vicine tozzi di pane e poi, così ricco di povertà, correva a sedersi a tavola. A chi gli chiedeva perché facesse cosi, rispondeva che, per un feudo di un'ora, non voleva lasciare un'eredità stabile. «È la povertà – diceva – che ci ha fatti eredi e re del regno dei cieli, non le vostre false ricchezze».[5]

5 Tommaso da Celano, *Memoriale*, XLII,72: FF 660.

Un messaggio che all'apparenza potrebbe sembrare inopportuno e finanche scortese; eppure è carico di significato dal momento che si configura nuovamente in chiave evangelica. Come Cristo non disdegnava i lauti banchetti dei peccatori, così san Francesco, che scelse la povertà, non rifiuta di sedersi alla tavola dei ricchi ma lo fa nella consapevole certezza che il pasto condiviso è il momento privilegiato per annunciare agli uomini il messaggio della fede. Anche il racconto successivo fa leva sull'abitudine del Santo di mendicare prima di presentarsi ai banchetti e addirittura porgere a tutti gli invitati il risultato dell'elemosina, disobbedendo elegantemente – lui, figlio del mercante che sognava di diventare cavaliere assumendone vesti e atteggiamenti, in una vera e propria ideologia cavalleresca che abbandonerà con il cambio di vita ma di cui resterà la quintessenza, ossia la cultura cortese agognata nella giovinezza – ai principi fondamentali delle buone maniere. Il valore simbolico però sta nel gesto stesso che ruota intorno al rispetto del cibo quotidiano e della condivisione con chi ne è in qualche modo privato:

Un giorno Francesco fece visita al papa Gregorio, di veneranda memoria, quando era ancora di dignità inferiore. Avvicinandosi l'ora del pranzo, andò a elemosinare e, di ritorno, dispose sulla tavola del vescovo frustoli di pane nero. Il vescovo, quando li vide, sentì piuttosto vergogna, soprattutto a causa dei nuovi invitati. Il padre con volto lieto distribuì ai cavalieri e ai cappellani commensali i tozzi di pane: tutti li accettarono con particolare devozione, e alcuni di essi ne mangiarono, altri li conservarono per riverenza. Finito il pranzo, alzatosi, il vescovo chiamò nella sua stanza l'uomo di Dio e, protendendo le braccia, lo strinse amorosamente: «Fratello mio, – gli disse – perché nella casa che è tua e dei tuoi fratelli, mi hai fatto il torto di andare per l'elemosina?».[6]

Indubbiamente non era facile invitare a tavola san Francesco e per averlo come ospite bisognava comprendere da principio il suo stile di vita. Un cittadino di Alessandria, però, studiò un invito *ad hoc*, ossia gli propose di mangiare ciò che gli sarebbe stato offerto, secondo il dettato evangelico recepito dalla *Regola*:

Mentre si recava a predicare ad Alessandria di Lombardia, fu ospitato devotamente da un uomo timorato di Dio e di lodevole fama, che lo pregò di mangiare, secondo quanto prescrive il Vangelo, di tutto quello che gli fosse posto davanti. Ed egli acconsentì volentieri, vinto dalla gentilezza dell'ospite. Questi corre in tutta fretta e prepara con ogni cura all'uomo di Dio un cappone di sette anni. Mentre il patriarca dei poveri è seduto a mensa e tutta la famiglia è in festa, improvvisamente si presenta alla porta un figlio di Belial, che si fingeva mancante del necessario ma era povero soprattutto della grazia. Nel chiedere l'elemosina, mette avanti l'amore di Dio e con voce pietosa domanda di essere aiutato in nome di Dio. Appena il santo ode il nome benedetto al di sopra di tutte le cose e per lui dolce più del miele, prende molto volentieri una porzione del pollo che gli era stato servito e, messala su un pane, la manda al mendicante. Ma, per dirla in breve, quel

---

6 TOMMASO DA CELANO, *Memoriale*, XLIII,73: FF 661.

disgraziato mette via ciò che gli è stato donato per poter screditare il santo. Il giorno dopo il santo, come era solito, predica la parola di Dio al popolo che si è radunato. All'improvviso quello scellerato manda un grido, mentre cerca di mostrare a tutto il popolo il pezzo di cappone. «Ecco – strilla – che uomo è questo Francesco che vi predica e che voi onorate come santo: guardate la carne che mi ha data ieri sera, mentre mangiava». Tutti danno sulla voce a quel briccone e lo insultano come indemoniato, perché in realtà sembrava a tutti essere pesce, ciò che lui sosteneva fosse invece una coscia di cappone. Infine anche quel miserabile, stupito del miracolo, fu costretto ad ammettere che avevano ragione. Il disgraziato ne sentì vergogna e, pentito, espiò una colpa così palese: davanti a tutti chiese perdono al santo, manifestando l'intenzione perversa avuta. Anche la carne riprese il suo aspetto, dopo che il falso accusatore si fu ricreduto.[7]

L'episodio smentisce le aspettative di quanti oggi pensano che san Francesco fosse vegetariano! Al contrario, un cappone di sette anni è la pietanza principale del banchetto di Alessandria e il Santo sembra gradire quanto gli viene messo sulla tavola, finché si presenta un mendicante che in nome di Dio chiede qualcosa per sfamarsi. L'Assisiate non avrebbe mai pensato che la porzione di pollo di cui si era privato per darla a quel poveruomo sarebbe stata usata a suo discapito il giorno dopo di fronte a una folla adunata per ascoltare la sua parola. Eppure la provvidenza non mancò di venire in suo soccorso facendo apparire

---

[7] TOMMASO DA CELANO, *Memoriale*, XLVIII,78-79: FF 666.

come pesce ciò che prima in realtà era un semplice pezzo di cappone, a testimonianza che la santità non consiste nel privarsi di un determinato cibo quale la carne, quasi fosse impuro, ma nel gesto stesso di condividere ciò che effettivamente si ha.

Il Santo veniva screditato da alcuni che condannavano il fatto che si permettesse, ad esempio, di ricorrere a cibi conditi con il lardo durante il periodo di penitenza per la Chiesa. Il lardo era molto diffuso nel Medioevo come prodotto pregiato; lo si consumava fresco oppure veniva conservato, salato, affumicato ed era usato come condimento e come companatico. L'Umbria, come sappiamo, è una terra ricca di olio e infatti Tommaso da Celano pone l'accento sul fatto che san Francesco non ne poteva far uso a causa dei suoi mali ma al contrario non aveva problemi a mangiare cibo condito con il lardo, neppure durante i tradizionali periodi di astinenza dalle carni. Non è il lardo – e quindi il fatto di aver mangiato la carne – che dà valore al cammino di perfezione cristiana ma la vita impostata sul Vangelo, come narra sempre Tommaso riferendosi all'eremo di Poggio Bustone:

Una volta, intorno a Natale, si era radunata molta folla per la predica presso l'eremo di Poggio. Francesco esordì a questo modo: «Voi mi credete un uomo santo e perciò siete venuti qui con devozione. Ebbene, ve lo confesso, in tutta questa quaresima ho mangiato cibi conditi con lardo». E così più di una volta attribuì a gola, ciò che invece aveva concesso alla malattia.[8]

---

[8] Tommaso da Celano, *Memoriale*, XCIV,131: FF 715. Un racconto simile il medesimo autore l'aveva narrato nella *Vita di san Francesco*, XIX,52:

Lo stato di salute cagionevole di san Francesco allora gli permise di trovare un po' di sollievo nel cibo. Sempre a fini terapeutici e per evitare di peggiorare, Francesco permise a un suo fratello di coprirgli lo stomaco all'altezza della milza con una pelle di volpe:

Succedeva di frequente che, se i frati o amici dei frati, quando mangiava da loro, gli offrissero qualche portata speciale per riguardo al suo stato di salute, egli si affrettava a dichiarare, in casa o nell'uscire, davanti ai frati e anche ai secolari che non conoscevano quel particolare: «Ho mangiato cibi di questo genere». Non voleva che restasse nascosto agli uomini ciò che era noto agli occhi di Dio. In qualunque luogo si trovasse, in compagnia di religiosi o di secolari, se gli avveniva di avere lo spirito turbato da vanagloria, superbia o altro vizio, all'istante se ne confessava dinanzi a loro, crudamente, senza cercare attenuanti. A questo proposito, un giorno confidò ai suoi compagni: «Io voglio vivere nell'intimità con Dio negli eremi e negli altri luoghi dove soggiorno, come se fossi sotto lo sguardo degli uomini. Se la gente mi ritiene un santo e io non conducessi la vita che a un santo si addice, sarei un ipocrita». Una volta, d'inverno, per la sua malattia di milza e per il

FF 413: «Accadde un giorno che, avendo mangiato un po' di pollo, perché infermo, riacquistate alquanto le energie, si recò ad Assisi. Giunto alla porta della città, pregò un frate che era con lui di legargli una fune attorno al collo e di trascinarlo per tutte le vie della città come un ladro, gridando: "Ecco, guardate questo ghiottone, che a vostra insaputa si è rimpinzato di carne di gallina!". Accorrevano molti a uno spettacolo così singolare, e tra lacrime e sospiri esclamavano: "Guai a noi miserabili che viviamo tutta la vita per la carne, nutrendo il cuore e il corpo di lussuria e di crapule!". E così tutti, compunti, erano guidati a miglior condotta da quell'esempio straordinario».

freddo che pativa allo stomaco, uno dei compagni, che era il suo guardiano, acquistò una pelle di volpe e gli chiese il permesso di cucirgliela all'interno della tonaca, sopra lo stomaco e la milza, principalmente per la ragione che faceva un gran freddo ed egli in ogni tempo della vita, da quando cominciò a servire Cristo fino al giorno della morte, non volle avere né indossare se non una tonaca, rafforzata con pezze, quando lo desiderava. Egli dunque rispose: «Se vuoi che io porti sotto la tonaca quella pelle, fa' cucire di fuori un pezzo di quella stessa pelle, affinché la gente capisca bene che dentro ho un pezzo di pelle di volpe». Così fu fatto. Ma non la portò a lungo, sebbene gli fosse necessaria a causa delle infermità.[9]

Ciò che si apprende dalla lettura del brano è che la santità per Francesco non consiste solo nelle pratiche esteriori e, in particolare, nel rispettare l'astinenza dalla carne, ma nelle opere di carità cristiana. Non si vergognava mai di dirlo, anzi voleva che s'informasse la gente del fatto che nutriva il suo corpo con alimenti a lui particolarmente graditi; ma l'affermazione sembra ancor più un rimprovero – riecheggiando ciò che san Paolo scrisse ai Romani – a coloro che concepivano la santità come una questione di cibo o di bevande[10].

Tale richiamo a un rapporto "sconsiderato" con il cibo lo si coglie sempre nel *Memoriale* di Tommaso da Celano circa la festività del Natale, che un anno ebbe a essere in giorno di venerdì:

---

[9] *Compilazione d'Assisi*, 81: FF 1611.
[10] Cfr. Rm 14,17: «Il regno di Dio infatti non è questione di cibo o di bevanda, ma è giustizia, pace e gioia nello Spirito Santo».

Al di sopra di tutte le altre solennità celebrava con ineffabile premura il Natale del Bambino Gesù, e chiamava festa delle feste il giorno in cui Dio, fatto piccolo infante, aveva succhiato a un seno umano. [...] Un giorno i frati discutevano assieme se rimaneva l'obbligo di non mangiare carne, dato che il Natale quell'anno cadeva in venerdì. Francesco rispose a frate Morico: «Tu pecchi, fratello, a chiamare venerdì il giorno in cui è nato per noi il Bambino. Voglio che in un giorno come questo anche i muri mangino carne, e se questo non è possibile, almeno ne siano spalmati all'esterno». Voleva che in questo giorno i poveri e i mendicanti fossero saziati dai ricchi, e che i buoi e gli asini ricevessero una razione di cibo e di fieno più abbondante del solito. «Se potrò parlare all'imperatore – diceva – lo supplicherò di emanare un editto generale, per cui tutti quelli che ne hanno possibilità debbano spargere per le vie frumento e granaglie, affinché in un giorno di tanta solennità gli uccellini e particolarmente le sorelle allodole ne abbiano in abbondanza».[11]

Nella risposta di san Francesco possiamo intravedere, in termini attuali, un "Natale consumistico", ma il tutto era predisposto con la chiara consapevolezza dell'identità del festeggiato – Dio, fatto piccolo infante – e ciò conduceva a una maggior attenzione ai più piccoli e deboli, senza tralasciare nessuna creatura!

Dietro la discussione dei frati circa l'astinenza dalle carni, essendo giorno di venerdì, si scorgono le costituzioni dei Minori, ossia quelle normative che cercavano

---

[11] TOMMASO DA CELANO, *Memoriale*, CLI,199: FF 787.

di applicare i precetti della *Regola* alle nuove situazioni o scelte dell'ordine minoritico (anche in materia di cibo), normative di cui attualmente si conoscono quelle redatte a cominciare dal 1239. Ma tale codificazione particolareggiata, attingendo dalle precedenti ben sperimentate regole, ebbe inizio quando frate Francesco era ancora vivo, come mostra quanto scrisse nella seconda metà del Duecento frate Giordano da Giano nella *Cronaca*:

Ora, poiché secondo la primitiva Regola i frati digiunavano il mercoledì e il venerdì e, con il permesso del beato Francesco, anche il lunedì e il sabato, mentre negli altri giorni di grasso mangiavano carni, questi due vicari, con alcuni dei frati più anziani di tutta Italia celebrarono un capitolo, nel quale stabilirono che i frati nei giorni di grasso non usassero carni procurate, ma mangiassero quelle offerte spontaneamente dai fedeli. Stabilirono inoltre che digiunassero al lunedì e negli altri due giorni, e che al lunedì e al sabato non si procurassero latticini, ma che se ne astenessero, eccetto il caso che venissero offerti da fedeli devoti. Un frate laico, indignato di queste costituzioni, per il fatto che quelli avessero avuto la presunzione di aggiungere alcunché alla Regola del padre santo, prese con sé quelle costituzioni, senza l'autorizzazione dei vicari, attraversò il mare. E, giunto alla presenza del beato Francesco, per prima cosa confessò davanti a lui la sua colpa, chiedendo perdono per essere venuto senza permesso, indotto però da questa necessità: che cioè i vicari, che aveva lasciato, avevano avuto la presunzione di aggiungere nuove norme alla sua Regola; lo informò inoltre che l'Ordine per tutta Italia era in fermento, sia a causa dei vicari, sia a causa di altri frati che reclamavano altre novità. Quando ebbe letto attentamente le costituzioni, il beato Francesco, che era a tavola e aveva dinanzi a sé carne pronta da mangiare, domandò a frate Pietro: «Signor Pietro, adesso che faremo?». Ed egli rispose: «Ah, signor Francesco, quello che piace a voi, perché voi avete l'autorità». Poiché frate Pietro era colto e nobile, il beato Francesco per sua cortesia, onorandolo, lo chiamava «signore». E questo rispetto reciproco rimase tra loro, tanto oltremare che in Italia. Alla fine il beato Francesco concluse: «Mangiamo dunque, come dice il Vangelo, ciò che ci viene messo davanti».[12]

Tra periodi di lunghi digiuni e cibi di fortuna la salute di san Francesco era messa a dura prova; la cura spesso faceva ricorso a erbe medicinali, soprattutto aromatiche, come esprime quanto si narra dei desideri di san Francesco nella malattia:

Negli ultimi tempi della sua malattia, una notte chiese umilmente di mangiare del prezzemolo, provandone vivo desiderio. Ma il cuoco, che era stato invitato a portargliene, rispose che a quell'ora non avrebbe trovato nulla nell'orto: «Nei giorni passati – disse – di continuo ho raccolto una quantità di prezzemolo e tanto ne ho tagliato che riesco a malapena a trovarne un filo in piena luce del giorno. Tanto più non riuscirò a riconoscerlo tra le altre erbe ora in piena notte». «Va', fratello, – gli rispo-

---

[12] Giordano da Giano, *Cronaca*, 11-12: FF 2333-2334.

se il santo – non ti dispiaccia, e portami le prime erbe che toccherai con la tua mano». Andò il frate nell'orto e portò in casa un mazzo di erbe che aveva strappato a caso senza nulla vedere. I frati osservano quelle erbe selvatiche, le passano in rassegna con molta attenzione ed ecco, in mezzo, prezzemolo tenero e ricco di foglie. Avendone mangiato un poco, il santo provò molto conforto [...].[13]

Ancora Tommaso da Celano ricorda un miracolo occorso nel tempo della malattia all'eremo di Sant'Urbano nei pressi di Narni, in un brano in cui non sfugge la descrizione della conformità di san Francesco a Gesù, che a Cana di Galilea trasformò l'acqua in vino (cfr. Gv 2,1-12):

Nel periodo in cui era presso l'eremo di Sant'Urbano, il beato Francesco, gravemente ammalato, con labbra aride, domandò un po' di vino; gli risposero che non ce n'era. Chiese allora che gli portassero dell'acqua e quando gliela ebbero portata la benedisse con un segno di croce. Subito l'acqua perse il proprio sapore e ne acquistò un altro. Diventò ottimo vino quella che prima era acqua pura, e ciò che non poté la povertà, lo provvide la santità. Dopo averlo bevuto, quell'uomo di Dio si ristabilì molto in fretta e come la miracolosa conversione dell'acqua in vino fu la causa della guarigione, così la miracolosa guarigione testimoniava quella conversione.[14]

---

[13] TOMMASO DA CELANO, *Memoriale*, XXII,51: FF 637.
[14] TOMMASO DA CELANO, *Trattato dei miracoli*, III,17: FF 839.

Anche la successiva *Compilazione di Assisi* narra di quando il Poverello stava poco bene e, dimorando nel palazzo del vescovo di Assisi, espresse il desiderio di mangiare dello *squalus*, ossia del luccio:

> Mentre, gravemente malato, si trovava in quello stesso palazzo, una volta i frati insistentemente lo pregavano di mangiare. Egli rispose: «Fratelli, non ho nessuna voglia di mangiare. Però se avessi del pesce squalo, forse ne prenderei». Com'ebbe espresso il desiderio, ecco un tale che portava un canestro contenente tre bellissimi squali, ben preparati, e piatti di gamberi, che il padre santo mangiava volentieri. Il tutto gli veniva mandato da frate Gerardo, ministro a Rieti. Molto stupiti rimasero i frati considerando la sua santità e lodarono Dio che procurava al suo servo quanto non gli si poteva offrire da loro, specialmente tenendo conto che era inverno e che in quella località non si potevano avere vivande simili.[15]

Prodotti tipici della zona lacustre della valle di Rieti, ossia lucci e gamberi, sono l'alimento inviato da frate Gerardo. Infatti la valle reatina, soprattutto in primavera con le piogge e lo scioglimento delle nevi, diventava una zona acquitrinosa ricca di pesci (oggetto dei diritti di sfruttamento da parte di feudatari, vescovi e altri) che dopo la bonifica si è ridotta all'attuale lago di Piediluco[16].

Sta di fatto che le fonti non esitano a citare alcuni casi in cui l'Assisiate, fortemente indebolito dalla mancanza

---

[15] *Compilazione d'Assisi*, 71: FF 1599.

[16] Cfr. T. Leggio, *Pesca ed acque nel Medioevo reatino*, Riserva Naturale dei Laghi Lungo e Ripasottile, Rieti 2007, soprattutto le pagine 26-29.

di cibo, chiese espressamente del pane e del vino a una donna che successivamente ricompensò con la sua predicazione, ossia il pane della parola del Signore:

> Una volta Francesco era diretto a Bevagna, ma indebolito dal digiuno non era in grado di arrivare al paese. Il compagno allora mandò a chiedere umilmente a una devota signora del pane e del vino per il santo. Appena la donna conobbe la cosa assieme a una figlia, vergine consacrata a Dio, si avviò di corsa per portare al santo quanto era necessario. Ristorato e ripreso alquanto vigore, rifocillò a sua volta madre e figlia con la parola di Dio.[17]

Precedentemente, nella *Vita di san Francesco*, lo stesso Tommaso da Celano aveva narrato un fatto in cui invece avvenne l'inverso: una donna ricambiò un beneficio ottenuto dal Santo offrendogli del formaggio con una focaccia di farina impastata dalle mani guarite:

> A Gubbio vi era una donna che aveva le mani rattrappite e non poteva far nulla. Quando seppe che il santo era arrivato in città, gli corse incontro, gli mostrò affranta le mani contorte, supplicandolo che gliele toccasse. Egli, impietositosi, fece quanto gli si chiedeva e la povera donna guarì. Questa, tutta lieta, tornò a casa, impastò con le proprie mani una focaccia di farina con formaggio e l'offrì a Francesco, che per renderla felice ne gradì un poco, dicendo alla donna di mangiare il resto con la sua famiglia.[18]

---

[17] TOMMASO DA CELANO, *Memoriale*, LXXX,114: FF 701.
[18] TOMMASO DA CELANO, *Vita di san Francesco*, XXIV,67: FF 439.

Tale cortesia che lo conduce a non rifiutare il cibo offerto ma di prenderne, anche se con moderazione, la si ritrova nella narrazione di un presunto incontro presso la corte di Federico II: «Condotto allora in curia a cena quasi per forza e malvolentieri, gli vennero poste innanzi pietanze delicate e varie specie di cibi caldi conditi con abbondante vino, ma egli, come al solito, ne gustò poco e quasi nulla»[19]. Tommaso narra come a volte Francesco, tramite uno stratagemma o meglio la finzione, cercasse di conciliare povertà e cortesia verso l'ospitante:

Custodiva con grande cura e sollecitudine la santa e signora povertà, e non tollerava di conservare in casa neppure un vasetto di cui si potesse fare a meno, temendo che vi si introducesse l'abitudine di confondere il necessario con il superfluo. Era solito dire che è impossibile sovvenire alla necessità senza servire al piacere. Raramente acconsentiva di cibarsi di vivande cotte, oppure, acconsentendo, o le cospargeva di cenere o le rendeva insipide con acqua fredda! Quante volte, mentre era pellegrino nel mondo a predicare il Vangelo, invitato a pranzo da grandi signori che lo veneravano con grande affetto, mangiava appena un po' di carne in ossequio alla parola evangelica di Cristo, poi, fingendo di mangiare, faceva scivolare il resto nel grembo, pur portando la mano alla bocca perché nessuno si accorgesse di quello che faceva! Che dire poi del vino, se rifiutava persino di bere l'acqua a sufficienza quand'era assetato![20]

---

[19] *Testimonianze francescane*. VI. *Frate Stefano*, 8: FF 2685/1.
[20] TOMMASO DA CELANO, *Vita di san Francesco*, XIX,51: FF 411.

L'attenzione alle necessità primarie del corpo era condivisa con i fratelli, di cui si faceva premurosamente carico. Il desiderio di mangiare dell'uva pronunciato da un compagno ammalato lo spinse a prenderlo con sé, a portarlo direttamente in una vigna e mangiare con lui ciò che aveva tanto richiesto: «Una volta venne a conoscenza che un frate ammalato aveva desiderio di mangiare un po' d'uva. Lo accompagnò in una vigna e, sedutosi sotto una vite per infondergli coraggio, cominciò egli stesso a mangiarne per primo»[21].

In tale passaggio torna ancora una volta il tema della condivisione. L'uva, ad esempio, è lo strumento per partecipare alla sofferenza del fratello e quindi condividerne un frangente di sollievo[22].

---

[21] Tommaso da Celano, *Memoriale*, CXXXIII,176: FF 762.

[22] La fraternità come elemento non secondario nella consumazione di cibo e bevande è ben presente tra i Frati Minori giunti in Inghilterra, come narra Tommaso da Eccleston, *Cronaca*, I,7: FF 2420: «Ben presto, infatti, fu loro concessa una piccola stanza sotto il fabbricato di una scuola, dove di giorno vivevano come rinchiusi in continuità; ma quando alla sera gli studenti ritornavano alle loro case, essi entravano nella scuola dove erano, accendevano il fuoco e sedevano attorno ad esso. Al momento della conversazione e della bevanda, talvolta vi appendevano una pentola con posatura di birra e ne bevevano tutti, l'uno dopo l'altro, attingendo con l'unica tazza e dicendo ciascuno qualche parola di edificazione. Come attesta uno che fu compartecipe di questa serena semplicità e santa povertà e che ebbe il merito di essere stato loro associato, la bevanda era spesso così densa che, per riscaldare la tazza, si doveva aggiungere acqua, e poi si beveva con gioia. La stessa cosa accadde di frequente a Salisbury, dove con così tanta allegria e giocondità i frati bevevano in cucina attorno al fuoco, all'ora della conversazione, posature di birra, che ognuno era felice di strappare fraternamente al vicino la tazza per bere». E ancora in Tommaso da Eccleston, *Cronaca*, I,8-9: FF 2421-2422: «Capitò anche che un giorno arrivarono due frati molto affaticati a un convento dell'Ordine; siccome mancava la birra, il guardiano, su consiglio degli anziani, ne fece cercare una brocca a credito, ma i frati del convento, che facevano compagnia agli ospiti, non ne bevvero, pur simulando di berne per carità. Prima della costituzione definitiva dell'Ordine, i frati costumavano riunirsi ogni giorno per la conversazione e per bere insieme, quelli che lo volevano e ogni giorno facevano il capitolo. Non c'erano allora limitazioni circa

Significativo è anche l'episodio dell'agnello ucciso senza motivo, se non per crudeltà, da una scrofa la quale dopo la repentina morte non fu mangiata da nessuno, come a significare che il male rende persino incapaci di farsi l'uno sostentamento per l'altro:

Già da altre pagine risulta abbastanza chiaro che la sua parola era di una potenza sorprendente anche a riguardo degli animali. Tuttavia toccherò appena un episodio che ho alla mano. Il servo dell'Altissimo era stato ospitato una sera presso il monastero di San Verecondo, in diocesi di Gubbio, e nella notte una pecora partorì un agnellino. Vi era nel chiuso una scrofa quanto mai crudele che, senza pietà per la vita dell'innocente, lo uccise con morso feroce. Al mattino, alzatisi, trovano l'agnellino morto e riconoscono con certezza che proprio la scrofa è colpevole di quel delitto. All'udire tutto questo, il pio padre si commuove e, ricordandosi di un altro Agnello, piange davanti a tutti l'agnellino morto: «Ohimè, frate agnellino, animale innocente, simbolo vivo sempre utile agli uomini! Sia maledetta quell'empia che ti ha ucciso e nessuno, uomo o bestia, mangi della sua carne!». Incredibile! La scrofa malvagia cominciò subito a star male, e dopo aver pagato il fio in tre giorni di sofferenze, alla fine subì una morte vendicatrice. Fu poi gettata nel fossa-

la qualità degli alimenti e il vino; tuttavia in molti conventi non accettavano pietanze di carne che venivano offerte, se non tre volte la settimana. Nel medesimo convento di Londra, al tempo del ministro frate Guglielmo, di santa memoria, essendo guardiano frate Ugo, ho visto io dei frati bere della birra tanto acida che qualcuno preferiva l'acqua, e mangiare quella specie di pane che si chiama "torta". Inoltre, mancando il pane, alla presenza di detto ministro e di ospiti nella casa, molte volte ho mangiato pane d'orzo».

to del monastero, dove rimase a lungo e, seccatasi come un legno, non servì di cibo a nessuno per quanto affamato.[23]

Un episodio da leggersi considerando la mentalità simbolica del tempo per cui tutte le creature, con i loro atteggiamenti, erano un richiamo costante alla sapienza della vita, come mostra anche il seguente brano contro l'ingordigia:

Un giorno Francesco era seduto a mensa con i frati, quando entrarono due uccellini, maschio e femmina, che poi ritornarono ogni giorno per beccare a piacimento le briciole dalla tavola del santo, preoccupati di nutrire i loro piccoli. Il santo ne è lieto, li accarezza come sempre e dà loro a bella posta la razione di cibo quotidiano. Ma un giorno padre e madre presentano i loro figlioletti ai frati, essendo come stati allevati a loro spese e, affidandoli alle loro cure, non si fanno più vedere. I piccoli familiarizzano con i frati, si posano sulle loro mani e si aggirano in casa non come ospiti, ma di famiglia. Evitano le persone secolari, perché si sentono allievi solamente dei frati. Il santo osserva stupito e invita i frati a gioirne: «Vedete – dice – che cosa hanno fatto i nostri fratelli pettirossi, come se fossero intelligenti? Ci hanno detto: "Ecco, frati, vi presentiamo i nostri piccoli, cresciuti con le vostre briciole. Disponete di loro come vi piace: noi andiamo ad altro focolare"». Così, avendo presa piena dimestichezza con i frati, prendevano tutti insieme

---

[23] Tommaso da Celano, *Memoriale*, LXXVII,111: FF 698.

il cibo. Ma l'ingordigia ruppe la concordia, perché il maggiore cominciò con superbia a perseguitare i più piccoli. Si saziava egli a volontà e poi scacciava gli altri dal cibo. «Guardate – disse il padre – questo ingordo: pieno e sazio lui, è invidioso degli altri fratelli affamati. Avrà di certo una brutta morte». La sua parola fu seguita ben presto dalla punizione: salì quel perturbatore della pace fraterna su un vaso d'acqua per bere, e subito vi morì annegato. Non si trovò gatto o bestia che osasse toccare il volatile maledetto dal santo. È veramente un male che desta orrore l'egoismo degli uomini, se persino negli uccelli viene punito in questo modo. Ed è pure da temersi la condanna dei santi, poiché le tiene dietro con tanta facilità il castigo.[24]

Non di rado san Francesco mangiava carne animale specialmente se invitato alla mensa di coloro che lo accoglievano nella loro casa. In taluni casi gli animali fungono da merci di scambio, come le lasche offerte dai frati ai benedettini in cambio dell'usufrutto della Porziuncola. Al contempo i monaci, riconoscendo la santità di Francesco, aggiungevano una giara d'olio delle colline umbre:

Sebbene l'abate e i monaci avessero concesso in dono al beato Francesco e ai suoi frati la chiesa senza volerne contraccambio o tributo annuo, tuttavia il beato Francesco, da abile e provetto mastro che intese fondare la sua casa sulla salda roccia, e cioè fondare il suo gruppo sulla vera povertà, ogni anno mandava al monastero una corba piena di pescioli-

---

[24] Tommaso da Celano, *Memoriale*, XVIII,47: FF 633.

ni chiamati lasche. E ciò in segno di sincera umiltà e povertà, affinché i frati non avessero in proprietà nessun luogo, e nemmeno vi abitassero, se non era sotto il dominio altrui, così che essi non avessero il potere di vendere o alienare in alcun modo. E ogni anno, quando i frati portavano i pesciolini ai monaci, questi, in grazia dell'umiltà del beato Francesco, donavano a lui e ai suoi fratelli una giara piena di olio.[25]

Ancora una volta l'uva è la protagonista di un racconto che si svolge nei pressi di Rieti:

In quello stesso periodo il beato Francesco, a causa della sua malattia d'occhi, soggiornò presso la chiesa di San Fabiano, non lontano da quella città, ospite di un povero prete secolare. Aveva allora residenza in Rieti il signor papa Onorio III con i cardinali. E molti di questi e altri ecclesiastici di alto grado, per riverenza e devozione verso il padre santo, venivano a fargli visita quasi ogni giorno. Possedeva quella chiesa una piccola vigna, presso la casa dove dimorava il beato Francesco. Da una porta di questa, quasi tutti i visitatori passavano nella vigna contigua, attirati sia dalla stagione delle uve mature, sia dall'amenità del luogo che invitava a sostarvi. Successe quindi che, a motivo di quel viavai, la vigna fu messa quasi totalmente a soqquadro: chi coglieva i grappoli e se li mangiava sul posto, chi li pigliava per portarseli via, altri calpestavano il terreno. Il prete cominciò ad agitarsi e protestare, dicendo: «Quest'anno il raccolto è perduto. Per quanto piccola, la vigna mi dava

25 *Compilazione d'Assisi*, 56: FF 1575.

il vino sufficiente al mio bisogno». Sentito questo lamento, il beato Francesco lo fece chiamare e gli disse: «Non turbarti e non agitarti più! Ormai non possiamo farci niente. Ma confida nel Signore che può riparare al danno per amore di me, suo piccolo servo. Dimmi: quante some hai fatto negli anni di migliore raccolto?». Il sacerdote gli rispose: «Fino a tredici some, padre». E il beato Francesco: «Non contristarti più dentro di te, non ingiuriare nessuno, non fare lamentele in giro, abbi fede nel Signore e nelle mie parole. Se raccoglierai meno di venti some, prometto di rifondertene io». Il sacerdote si calmò e stette zitto. E accadde per intervento di Dio che raccolse effettivamente non meno di venti some, come il beato Francesco gli aveva promesso. Quel sacerdote ne rimase attonito, e con lui tutti gli altri che riseppero la cosa e attribuirono il prodigio ai meriti del beato Francesco. In verità, la vigna era stata devastata; ma anche fosse stata grondante di grappoli, sembrava impossibile, a quel sacerdote e agli altri, che se ne ricavassero venti some di vino.[26]

Il comprensibile disgusto per la lebbra si trasforma per Francesco in un'opera di penitenza evangelica che l'autore della *Compilazione d'Assisi* affronta nel momento in cui il Poverello decide di affrontare con coraggio e spirito di fiducia in Dio un lebbroso, accostandosi a lui e condividendo il medesimo piatto. La contaminazione del cibo toccato dal malato per Francesco diventa motivo di completo abbandono alla provvidenza nell'estremo gesto di rischiare la propria vita in riscatto dei peccati:

---

[26] *Compilazione d'Assisi*, 67: FF 1595.

Seguitò il beato Francesco: «Sia questa la mia penitenza; mangiare nello stesso piatto con il fratello cristiano». E così fu: quando il beato Francesco sedette a mensa con il lebbroso e gli altri frati, fu posta una scodella tra loro due. Ora, il lebbroso era tutto una piaga; le dita con le quali prendeva il cibo erano contratte e sanguinolente, così che ogni volta che le immergeva nella scodella, vi colava dentro il sangue.[27]

Tale mangiare nello stesso recipiente era segno di grande familiarità, come indica in senso negativo la prescrizione della *Regola*: «Tutti i frati, dovunque sono o dovunque vanno, evitino gli sguardi cattivi e la frequentazione delle donne. E nessuno si trattenga in colloqui né cammini solo per la strada né mangi alla mensa in unico piatto con loro»[28]. Già nella Bibbia il profeta Natan, per descrivere la familiarità di un uomo con la sua pecorella, afferma che «essa gli era cresciuta in casa insieme con i figli, mangiando il pane di lui, bevendo alla sua coppa e dormendo sul suo seno; era per lui come una figlia»[29]. Il termine stesso "convivio" deriva da "vivere assieme", indicando la consumazione del cibo come uno delle maggiori espressioni di familiarità[30].

Dai testi esaminati si percepisce come gli agiografi, attraverso le narrazioni della vita di san Francesco mediante una lettura teologica sapienziale, attingendo a modelli precedenti, diano spazio anche al cibo, alternando l'esempio di moderazione e sobrietà alla gioia di partecipare a conviti festosi, segno della vita nuova incontrata in Cristo.

---

[27] *Compilazione d'Assisi*, 64 : FF 1592. Cfr. D. SOLVI, *Santi lebbrosi. Perfezione cristiana e malattia nell'agiografia del Duecento*, Biblioteca Francescana, Milano 2014.

[28] FRANCESCO D'ASSISI, *Regola non bollata*, XII,1-2: FF 38.

[29] 2Sam 12,3.

[30] Cfr. M. MONTANARI, *I racconti della tavola*, Laterza, Bari 2014.

Il banchetto con santa Chiara e il cibo del Sultano

Il pasto è luogo della fraternità e delle relazioni. Questo si nota in modo particolare nella narrazione del banchetto consumato da san Francesco e santa Chiara alla Porziuncola. Ma anche nel cibo che il Santo, dopo aver rifiutato ricchezze e piaceri, chiede al Sultano prima di congedarsi.

Nel capitolo XV dei *Fioretti* – un volgarizzamento di fine Trecento tratto da una compilazione inerente san Francesco stesa un cinquantennio prima – si narra di *Come santa Chiara mangiò con santo Francesco e co' suoi compagni frati in Santa Maria degli Agnoli* [cfr. figg. 13, 18]:

Santo Francesco, quando stava a Sciesi, ispesse volte visitava santa Chiara dandole santi ammaestramenti. Ed avendo ella grandissimi desiderii di mangiare una volta con lui, e di ciò pregandolo molte volte, egli non le volle mai fare questa consolazione. Onde vedendo li suoi compagni il disiderio di santa Chiara, dissono a santo Francesco: «Padre, a noi non pare che questa rigidità sia secondo la carità divina, che suora Chiara, vergine così santa, a Dio diletta, tu non esaudisca in così piccola cosa, come è mangiare teco, e spezialmente considerando ch'ella per le tue predicazioni abbandonò le ricchezze e le pompe del mondo. E di vero, s'ella ti domandasse maggiore grazia che questa non è, sì la doveresti fare alla tua pianta spirituale». Allora santo Francesco rispuose: «Pare a voi ch'io la debba esaudire?». Rispondono li compagni: «Padre, sì, degna cosa è che tu le faccia questa grazia e consolazione ». Disse allora santo Francesco: «Da poi che pare a voi, pare anche a me. Ma acciò ch'ella sia più consolata, io voglio che questo mangiare si faccia in Santa Maria degli Agnoli, imperò ch'ella è stata lungo tempo rinchiusa in Santo Damiano, sicché le gioverà di vedere il luogo di Santa Maria, dov'ella fu tonduta e fatta isposa di Gesù Cristo; ed ivi mangeremo insieme al nome di Dio».

Venendo adunque il dì ordinato a ciò, santa Chiara esce del monistero con una compagna, accompagnata di compagni di santo Francesco, e venne a Santa Maria degli Agnoli. E salutata divotamente la Vergine Maria dinanzi al suo altare, dov'ella era stata tonduta e velata, sì la menorono vedendo il luogo, infino a tanto che fu ora da desinare. E in questo mezzo santo Francesco fece apparecchiare la mensa in sulla piana terra, siccome era usato di fare. E fatta l'ora di desinare, si pongono a sedere insieme santo Francesco e santa Chiara, e uno delli compagni di santo Francesco e la compagna di santa Chiara, e poi tutti gli altri compagni s'acconciarono alla mensa umilemente. E per la prima vivanda santo Francesco cominciò a parlare di Dio sì soavemente, sì altamente, sì maravigliosamente, che discendendo sopra di loro l'abbondanza della divina grazia, tutti furono in Dio ratti.

Diego Donati, *Il pranzo alla Porziuncola*, Perugia 1952[1].

E stando così ratti con gli occhi e con le mani levate in cielo, gli uomini da Sciesi e da Bettona e que' della contrada dintorno, vedeano che Santa Maria degli Agnoli e tutto il luogo e la selva, ch'era allora allato al luogo, ardeano fortemente, e parea che fosse un fuoco grande che occupava la chiesa e 'l luogo e la selva insieme. Per la qual cosa gli ascesani con gran fretta corsono laggiù per ispegnere il fuoco, credendo veramente ch'ogni cosa ardesse. Ma giugnendo al luogo e non trovando ardere nulla, entrarono dentro e trovarono santo Francesco con santa Chiara con tutta la loro compagnia rat-

---

[1] Pubblicata in P. Bargellini, *I Fioretti di santa Chiara*, Ed. Porziuncola, Assisi 1975, p. 49.

ti in Dio per contemplazione e sedere intorno a quella mensa umile. Di che essi certamente compresono che quello era stato fuoco divino e non materiale, il quale Iddio avea fatto apparire miracolosamente, a dimostrare e significare il fuoco del divino amore, del quale ardeano le anime di questi santi frati e sante monache; onde si partirono con grande consolazione nel cuore loro e con santa edificazione. Poi, dopo grande spazio, tornando in sé santo Francesco e santa Chiara insieme con li altri, e sentendosi bene confortati del cibo spirituale, poco si curarono del cibo corporale. E così compiuto quel benedetto desinare, santa Chiara bene accompagnata si ritornò a Santo Damiano.[2]

Quando il suddetto racconto fu scritto e volgarizzato era passato oltre un secolo dalla morte di Francesco e Chiara, eppure la condivisione del cibo tra loro è testimoniato da fonti molto attendibili. Così al processo di canonizzazione di Chiara d'Assisi nel novembre 1253, pochi mesi dopo la morte dell'Assiate, *Bona de Guelfuccio de Assisi* narrò riguardo agli anni prima del 1211-1212, ossia al periodo dei primi contatti tra il figlio di Pietro di Bernardone e la nobile fanciulla: «Anche essa madonna Chiara, mentre che era nel seculo, dette ad essa testimonia [per] devozione certa quantità de denari e comandolle che li portasse a quelli che lavoravano in Santa Maria de la Porziuncola, ad ciò che comperassero de la carne»[3]. Tale attenzione ai Frati Minori non verrà meno neppure quando Chiara presso la chiesa di San Damiano condurrà una vita di «altissima povertà e santissima unità»; infatti suor *Cecilia figliola de messere Gualtieri Cacciaguerra da Spello* narra:

---

[2] *Fioretti*, XV: FF 1844.
[3] *Processo di canonizzazione di Chiara d'Assisi*, XVII,7: FF 3129.

Anche disse che uno dì, non avendo le sore se non mezzo pane, la metà del quale innanzi era stata mandata alli frati, li quali stavano de fora, la preditta madonna comandò ad essa testimonia che de quello mezzo pane ne facesse cinquanta lesche [ossia fette di pane] et le portasse alle sore, che erano andate alla mensa. Allora disse essa testimonia alla preditta madonna Chiara: «Ad ciò che de questo se ne facessero cinquanta lesche, saria necessario quello miraculo del Signore, de cinque pani e due pesci». Ma essa madonna le disse: «Và et fà come io te ho detto». E così el Signore moltiplicò quello pane per tale modo che ne fece cinquanta lesche bone e grandi, come santa Chiara le aveva comandato.[4]

Diego Donati, *Santa Chiara benedice il pane*, Perugia 1952[5].

[4] *Processo di canonizzazione di Chiara d'Assisi*, VI,16: FF 3039.
[5] Pubblicata in P. Bargellini, *I Fioretti di santa Chiara*, p. 124.

Se il pane era fondamentale, non meno importante era l'olio, ma anche allora poteva venire a mancare, forse a motivo di una stagione e quindi di una raccolta sfavorevoli. Ecco allora che si deve ricorrere all'elemosina, ma la provvidenza precede la solerzia del frate mendicante, come testimonia suor *Pacifica de Guelfuccio*:

> Anche disse questa testimonia che la vita de la preditta beata Chiara fu piena de miraculi. Imperò che una volta, essendo mancato l'olio nel monasterio, in tanto che non ne avevano niente, essa beata madre chiamò un certo frate de l'Ordine minore, lo quale andava per le elemosine per loro, chiamato frate Bentevenga; e disseli che andasse a cercare de l'olio, e lui respose che li apparecchiassero el vaso. Allora essa madonna Chiara tolse uno certo vaso et lavollo cum le proprie mani, e puselo sopra uno certo murello, lo quale era appresso lo uscio de la casa, ad ciò che lo preditto frate lo togliesse. Et essendo quello vaso stato lì per una piccola ora, quello frate Bentevenga, andando per quello vaso, lo trovò pieno de olio. Et essendo cercato diligentemente, non fu trovato chi ce lo avesse messo.[6]

Ma fiducia nella provvidenza non significava certamente vivere fuori dalla realtà perché l'Incarnazione, ossia Dio fatto uomo, era al centro della meditazione di Chiara, che l'apprese da Francesco.

---

[6] *Processo di canonizzazione di Chiara d'Assisi*, I,15: FF 2939.

Diego Donati, *Frate Egidio d'Assisi a San Damiano*, Perugia 1952[7].

Gesù salva nella complessità, contraddittorietà e persino assurdità della storia e non dalla storia; e così pure nella
Comunità di San Damiano – a cui si unì anche la madre di
Chiara, Ortolana – vi furono momenti di scoraggiamento.
Ma anche qui il cibo, come narra suor *Filippa figliola già di
messere Leonardo de Gislerio*, si fa tramite di quell'affetto e
cura che sana molte infermità mentali:

> Disse anche essa testimonia che, patendo una delle
> sore, chiamata sora Andrea da Ferrara, le scrofole
> nella gola, la predetta madonna Chiara cognobbe
> per spirito che essa era molto tentata per volerne
> guarire. Unde, una notte, essendo essa sora Andrea

---

[7] Pubblicata in P. Bargellini, *I Fioretti di santa Chiara*, p. 90.

de sotto nel dormitorio, in tale modo e sì fortemente se strense la gola con le proprie mani, che perdet-
te el parlare: e questo cognobbe la santa madre per
spirito. Unde incontanente chiamò essa testimonia,
la quale dormiva lì appresso e disseli: «Descende
presto de sotto nel dormitorio, ché sora Andrea sta
inferma gravemente; scaldale uno ovo e daglielo a
bere; e come avrà riavuto lo parlare, menala a me».
E così fu fatto. E recercando essa madonna de essa
sora Andrea che avesse avuto o che avesse fatto, essa
sora Andrea non li voleva dire. Unde la memorata
madonna li disse ogni cosa per ordine come li era
intervenuto. E questo fu divulgato intra le sore.[8]

Diego Donati, *Ortolana*, Perugia 1952[9].

[8] *Processo di canonizzazione di Chiara d'Assisi*, III,16: FF 2982.
[9] Pubblicata in P. BARGELLINI, *I Fioretti di santa Chiara*, p. 66.

Un episodio oggi molto conosciuto e divulgato è quello dell'incontro tra frate Francesco e il sultano Al-Malik al-Kāmil, nipote del noto Saladino, e ciò a motivo dell'attualità di una sorta di dialogo interreligioso *ante litteram*. Di tale fatto vi sono diverse narrazioni, tra le quali si distinguono quelle dei cronisti della quinta crociata. Così Ernoul, che passò gran parte dei suoi anni in Oriente, narra tra il 1227 e il 1229 diversi episodi in modo molto preciso, proprio perché era presente. A proposito dell'Assisiate scrive:

> Poi il sultano aggiunse che se essi volevano rimanere con lui, li avrebbe investiti di vaste terre e possedimenti. Ma essi risposero che non volevano punto rimanerci, dal momento che non li si voleva né sentire né ascoltare, e perciò sarebbero tornati nell'accampamento dei cristiani, se lui lo permetteva. Il sultano rispose che volentieri li avrebbe fatti ricondurre sani e salvi nell'accampamento. Ma intanto fece portare oro, argento e drappi di seta in gran quantità, e li invitò a prenderne con libertà. Essi protestarono che non avrebbero preso nulla, dal momento che non potevano avere l'anima di lui per il Signore Iddio, poiché essi stimavano cosa assai più preziosa donare a Dio la sua anima, che il possesso di qualsiasi tesoro. Sarebbe bastato che desse loro qualcosa da mangiare, e poi se ne sarebbero andati, poiché qui non c'era più nulla da fare per loro. Il sultano offrì loro un abbondante pasto. Finito, essi si congedarono da lui, che li fece scortare sani e salvi fino all'accampamento dei cristiani.[10]

---

[10] *Cronaca di Ernoul*, 37: FF 2234.

Tale gesto della richiesta di cibo da parte di Francesco, ma soprattutto della generosità del Sultano, è maggiormente comprensibile se si ricorda che Al-Malik al-Nāṣir (letteralmente "il sovrano vittorioso"), meglio conosciuto come il Saladino, fece offrire a Guido di Lusignano – sfinito a motivo del caldo, della sete e dei circa trenta chili di armatura che indossava in occasione della battaglia di Hattin, in cui nel 1187 cadde Gerusalemme – dell'acqua fresca proveniente dal monte Hermon e ciò come segno che gli si concedeva salva la vita[11]. Quindi il gesto cavalleresco di Al-Malik al-Kāmil verso Francesco si può vedere come un vero atto di clemenza, contraddistinto anche da un velato senso d'ammirazione.

---

[11] G. LIGATO, *Sibilla, regina crociata. Guerra, amore e diplomazia per il trono di Gerusalemme*, Mondadori, Milano 2005, p. 204.

I mostaccioli
prima di morire

Presso la Porziuncola, prima di morire, san Francesco chiede a "frate" Jacopa di offrirgli dei mostaccioli; uno degli ultimi desideri del Santo, quindi, è quello di mangiare i dolci preparati dalla nobildonna romana, che in un certo senso equivale a riaffermare senza polemiche la bontà del creato in un periodo in cui diversi filoni di pensiero disprezzavano la materia come una cosa vile.

Un giorno il beato Francesco fece chiamare i suoi compagni e disse: «Voi sapete come donna Jacopa dei Settesogli fu ed è molto fedele e affezionata a me e alla nostra Religione. Io credo che, se la informerete del mio stato di salute, lo riterrà come una grande grazia e consolazione. Fatele sapere, in particolare, che vi mandi, per confezionare una tonaca, del panno grezzo color cenere, del tipo di quello tessuto dai monaci cistercensi nei paesi d'oltremare. E mandi anche un po' di quel dolce che era solita prepararmi quando soggiornavo a Roma». Si tratta del dolce che i romani chiamano mostacciolo, ed è fatto con mandorle, zucchero o miele e altri ingredienti. [...] Un giorno poi donna Jacopa preparò per il padre santo quel dolce, che egli aveva desiderato di mangiare. Ma egli lo assaggiò appena, poiché per la gravissima malattia il suo corpo veniva meno di giorno in giorno e si appressava alla morte.[1]

Questo episodio avvenuto presso la Porziuncola negli ultimi giorni di vita dell'Assisiate mostra che, come giustamente afferma Massimo Borghesi, «l'attrattiva esercitata da Francesco dipende essenzialmente da due fattori: dal realismo e dalla gioia che caratterizzano il santo di Assisi»[2]. Citando Jacques Le Goff, lo stesso Borghesi sottolinea:

Questo amore al mondo creato, all'*opus Dei* colloca Francesco in una prospettiva diversa rispetto a quel filone della mistica medievale che pone al centro il *contemptus mundi*. [...] La tenerezza verso le cose finite si esprime, innanzitutto, nel giudizio da portare sulla corporeità. «Francesco non ha cercato sistematicamente di umiliare il corpo», quel corpo angustiato, negli ultimi anni, da una cecità quasi completa e da terribili mal di testa. L'atteggiamento nei suoi confronti è ambivalente. Il corpo è sì strumento di peccato «ma esso è anche l'immagine materiale di Dio e più in particolare di Cristo». Come è detto nelle *Ammonizioni*: «Considera, o uomo, a quanta eccellenza ti ha elevato il Signore perché ti ha creato e formato *a immagine del Figlio suo diletto*, secondo il corpo, *e a somiglianza di se stesso*, secondo lo spirito». Il corpo, modellato ad immagine del Figlio, è il «frate cor-

---

[1] *Compilazione di Assisi*, 8: FF 1548.
[2] M. Borghesi, "Francesco d'Assisi: realismo e gioia", in *30Giorni*, 9 (2000), p. 91.

po pieno di dolori» per il cui sollievo, durante il suo soggiorno a Rieti, affidato alle cure dei medici pontifici, Francesco chiede ad un compagno il suono di una cetra. È il corpo che, nell'imminenza della morte, chiede un'ultima consolazione, in una lettera a Giacomina dei Settesogli, «in quei dolci che mi solevi dare a Roma quando caddi ammalato». Questo rispetto del corpo raggiunge il suo acme laddove l'oggetto è il «corpo di Cristo», ovvero l'Eucaristia.[3]

[3] M. BORGHESI, "Francesco d'Assisi: realismo e gioia", in *30Giorni*, 9 (2000), pp. 91-95.

Tra cortesia
e moderazione

Alla luce di quanto riscontrato dalle fonti, il rapporto tra frate Francesco e il cibo si orienta su due aspetti apparentemente divergenti. Da un lato cioè trapela l'approccio tutto naturale per il gusto, che l'Assisiate riconosce come dono divino; dall'altro permane la coerenza con quello stile di vita che si era imposto abbracciando la povertà. Ecco il motivo per cui Francesco non fissa regole specifiche sull'alimentazione; ai Frati Minori egli concede di mangiare «tutti i cibi» che gli vengono messi dinanzi (cfr. Lc 10,8), ma ogni venerdì e per due periodi prolungati (dalla festa di Tutti i Santi al Natale e dall'Epifania fino alla Pasqua) chiede di osservare il digiuno. Tuttavia, se nella *Regola non bollata* l'astensione dal cibo assume un carattere perentorio[1], la versione del 1223 contiene delle norme più elastiche; pertanto coloro che praticano volontariamente il digiuno «siano benedetti dal Signore», dice, mentre «coloro che non vogliono non siano obbligati»[2]. Eppure l'alimentazione rappresenta per Francesco una palestra quotidiana nella mortificazione e nella penitenza. Egli sa, infatti, che il cibo assume un ruolo indispensabile per il suo perfezionamento spirituale ed è per tale motivo che adotta la

---

[1] Cfr. FRANCESCO D'ASSISI, *Regola non bollata*, III,11-13: FF 12.
[2] FRANCESCO D'ASSISI, *Regola bollata*, III,5-7: FF 84.

parca temperanza contadina, praticata anche dai monaci, castigando continuamente gli ardori della concupiscenza per non incappare nel peccato di gola, uno dei sette vizi capitali che contraddistingue l'*habitus* degli ingordi (da collocare senza indugio all'Inferno nella *Commedia* dantesca). In tal senso Francesco esorta alla moderazione contro la vorace assunzione di cibo che, al contrario, contraddistingue l'istinto degli animali. La restrizione alimentare – condizionata dallo stato mendicante – è la migliore risposta di Francesco al rischio dell'ingordigia. Nelle fonti agiografiche egli condanna apertamente il vizio capitale della gola cui contrappone la misura nel mangiare e nel bere nonché l'osservanza del digiuno penitenziale per spegnere qualsiasi forma abituale d'intemperanza e golosità. La dieta fluttuante di frate Francesco vede però anche dei momenti di festa, dove il banchetto rappresenta sicuramente il momento più alto della convivialità. In questi casi il cibo assume una duplice valenza. In primo luogo rappresenta una vera e propria ricarica di energia (Francesco, infatti, è ben consapevole che il regime alimentare di fortuna dei Frati Minori rappresenta un rischio per la salute con il frequente insorgere di malattie e spossatezze); in secondo luogo va detto che, mangiando vivande considerate più gustose, l'Assisiate insegna a rispettare il cibo evitando lo spreco e tenendo sempre in considerazione chi non ne ha. Pertanto, se da un lato il digiuno è un pesante atto di penitenza attraverso il quale Francesco raggiunge uno scopo spirituale, dall'altro bisogna dire che il rifiuto del cibo non è mai estremo e si alterna a momenti di gioiosa convivialità in cui il pasto non serve solo a nutrirsi ma diventa la chiave d'accesso al cuore degli uomini, lo strumento ideale per dare testimonianza. In questo senso Francesco dimostra di avere una profonda sensibilità per il cibo e per chi amorevolmente lo prepara; attraverso i mostaccioli di Jacopa de' Settesoli, ad esempio, egli pregusta, poco prima di morire, la dolcezza del suo Signore dando prova di quanto sinora detto.

Pane, focacce, cereali, erbe selvatiche, verdure e ortaggi (come il prezzemolo e le rape umbre), i mostaccioli a base di mandorle, miele e mosto d'uva, quindi la frutta (in particolare l'uva, spesso citata dalle fonti), ma anche uova, formaggi, carne di maiale e suoi derivati, pollo, pesce bianco o azzurro (è nota la preferenza per il cosiddetto pasticcio di gamberi) sono solo alcuni dei cibi cui Francesco ricorre volentieri per sostentare il suo corpo. Il cibo è per lui un modo per porre l'accento sul significato della festa. A Natale, ad esempio, desidera che tutti, uomini e animali, siano saziati con pasti succulenti. Comprende perfettamente che la festa esige i suoi rituali e che dopo aver assolto il dovere cristiano sia giusto consolare il proprio corpo con un cibo più abbondante. In altre occasioni, Francesco accetta di mangiare pasti elaborati, specialmente quando è ospite di qualcuno e non può sottrarsi dall'applicare il principio evangelico di mangiare quanto gli viene offerto; eppure anche in questo caso tutto ha un limite: non mangia più del dovuto e, se è costretto a farlo per non disonorare il suo interlocutore, ricorre a gesti poco galanti pur di rispettare le vivande. Nella rappresentazione artistica di san Francesco il cibo non sembra – ovviamente – avere un ruolo primario e lo ritroviamo solo negli episodi in cui è strettamente necessario per la comprensione. Nell'episodio della *Morte del Cavaliere di Celano* (Assisi, Basilica superiore di San Francesco), la tavola apparecchiata con una ricca tovaglia umbra serve come espediente per definire lo scalare prospettico della scena; san Francesco si alza improvvisamente da una mensa imbandita con un grosso pesce adagiato al centro di un tagliere, delle pagnotte di pane, brocche per l'acqua e il vino e un paio di alzatine che presumibilmente accoglievano pietanze di accompagnamento [fig. 2]. Le mense raffigurate nel ben noto manoscritto 1266 del Museo Francescano di Roma sono sempre molto frugali e ridotte ai soli pane e vino. Ceste ricolme di pagnotte sono spesso indicatrici dell'essenzialità del cibo, dai forti rimandi simbolici al pane eucaristico [figg. 3-12]. Donato o ricevuto, scambiato o procurato tramite l'elemosina, il pane è sempre al centro dell'iconografia legata a Francesco e spesso è accompagnato col vino, a indicare la radicale conformità dell'Assisiate a Cristo.

Nell'età moderna, invece, è molto più facile trovare delle rappresentazioni del cibo nei brani che seguono lo scorrere della vita di san Francesco, soprattutto in riferimento all'episodio del pranzo alla Porziuncola: eleganti forme di pane abbondano, con sale, vino, uova e salame, sulla tavola imbandita per santa Chiara nella composizione di Giovan Pietro Naldini (Prato, Palazzo Banci Buonamici) [fig. 13]. Meno sostanziosa è la tavola circolare di Antoni Viladomat y Manalt (1724-33, Barcellona, Museu Nacional d'Art de Catalunya), che mostra san Francesco mentre spezza il pane come il Cristo di Emmaus [fig. 18]. Sempre il pane e qualche frutto occupano il comodino del Santo nell'iconografia che lo ritrae nell'eremo di Sant'Urbano dove, adagiato su un letto, chiede del vino per trovare un po' di conforto. Un aspetto, questo, che denota il riconoscimento del cibo come elemento di sollievo e di momentaneo appagamento nel dolore. In tal senso ben più allegre sono le tavole imbandite del celebre ciclo pittorico del Museo de Arte Colonial de San Francisco di Santiago del Cile [figg. 14, 15, 17]; al banchetto allestito in onore del cardinale Ugolino al Capitolo delle Stuoie emergono pietanze, frutta e spezie locali (come i peperoncini rossi sparsi sulla mensa, quasi una sorta di decorazione) e persino frutta secca e tè con i biscotti [fig. 17]. Il desiderio di contestualizzare la vita di san Francesco nel teatro della missione è un modo per rendere il personaggio sempre più familiare e questo grazie all'inclusione di usanze culinarie locali. Non di rado poi i frutti assumono un significato simbolico: si pensi all'uva, al melograno e alla pesca portati al capezzale del Santo convalescente a Sant'Urbano, come segno di rinascita e dolcezza divina [fig. 16]. In conclusione non si può fare a meno di citare il pane e l'acqua trasformata in vino sempre nello stesso contesto, che Stefano Di Stasio sottolinea nella bella tela della chiesa di Santa Maria della Pace a Terni: in essa l'umanità sofferente di san Francesco chiede conforto e non rimane inascoltata. Allo stesso autore si deve poi il ritratto del Santo di fronte alla mensa imbandita con una succinta varietà di alimenti che rendono l'idea di quanto finora esposto [fig. 19].

Senza alcuna pretesa di esaustività, si può quindi concludere che la varietà di cibo, piuttosto osteggiata dall'iconografia medievale a vantaggio di un sobrio "menù" dal significato prettamente mistico, si apre in età moderna all'approvazione di un san Francesco inedito perché dotato di buon gusto, che sa apprezzare il dono del cibo come segno di letizia e di umile ringraziamento. Un esempio quanto mai attuale.

Appendice

I ladroni di Montecasale

Quasi una metodologia per riconciliarsi con i fratelli o, meglio ancora, una pedagogia per recuperare chi sembra perduto. Tutto ciò traspare nell'episodio narrato dalla *Compilazione d'Assisi* in cui un ruolo non secondario spetta proprio al cibo:

> Ci fu un tempo nel quale in un romitorio di frati, posto sopra Borgo San Sepolcro, venivano ogni tanto dei briganti a chiedere il pane. Costoro stavano nascosti nelle grandi selve di quella contrada e talvolta uscivano fuori sulla strada e sui sentieri per depredare i passanti. Per questo motivo alcuni frati di quel luogo sostenevano: «Non è bene dar loro l'elemosina, visto che sono dei ladroni che fanno tanto male alla gente». Altri, considerando che i briganti chiedevano umilmente, spinti da grave necessità, davano loro qualche volta del pane, sempre esortandoli a convertirsi e fare penitenza. Frattanto il beato Francesco venne in quel luogo e i frati gli esposero il problema, se cioè dovessero dare il pane ai briganti, oppure no. E disse loro il beato Francesco: «Se farete come vi dirò, confido nel Signore che guadagnerete le loro anime». E aggiunse: «Andate, procuratevi del buon pane e del buon vino,

portateli a loro nei boschi dove sapete che si trovano e chiamateli gridando: "Fratelli briganti, venite da noi: siamo i frati e vi portiamo buon pane e buon vino!". Essi verranno subito da voi. Allora voi stenderete per terra una tovaglia, vi disporrete sopra il pane e il vino, e li servirete con umiltà e allegria, finché abbiano mangiato. Dopo il pasto, annunciate loro le parole del Signore, e alla fine fate loro questa prima richiesta per amor di Dio: che vi promettano di non percuotere nessuno e di non fare del male ad alcuno nella persona. Poiché, se domandate tutte le cose in una volta sola, non vi daranno ascolto; invece, vinti dall'umiltà e carità che dimostrerete loro, ve lo prometteranno. Un altro giorno, grati della buona promessa che vi hanno fatto, procurate di aggiungere al pane e al vino anche uova e cacio, portate tutto a loro e serviteli, finché abbiano mangiato. Dopo il pasto direte loro: "Ma perché state in questi posti tutto il giorno a morire di fame e a sopportare tanti disagi, facendo tanto male con il pensiero e con le azioni, a causa delle quali perdete le vostre anime se non vi convertirete al Signore? È meglio che serviate il Signore e lui vi darà in questa vita le cose necessarie al corpo, e alla fine salverà le vostre anime". Allora il Signore, per la sua misericordia, li ispirerà a ravvedersi, grazie alla vostra umiltà e alla carità che voi avrete loro mostrato». I frati si mossero ed eseguirono ogni cosa secondo le indicazioni del beato Francesco. E i briganti, per la misericordia di Dio e la sua grazia, discesa su di loro, ascoltarono ed eseguirono alla lettera, punto per punto, tutte le richieste che i frati avevano loro fatto. Anzi, per la familiarità e la carità dimostrata loro dai frati, cominciarono a portare sulle loro spalle la legna fino al romitorio. E così, per la misericordia di Dio e per la circostanza favorevole di quella carità e familiarità che i frati dimostrarono verso di loro, alcuni entrarono nella Religione, gli altri fecero penitenza promettendo nelle mani dei frati di non commettere mai più, d'allora in poi, quei misfatti, ma di voler vivere con il lavoro delle proprie mani. I frati e le altre persone venute a conoscenza dell'accaduto furono pieni di meraviglia, pensando alla santità del beato Francesco che aveva predetto la conversione di quegli uomini così perfidi e iniqui, e vedendoli convertiti al Signore così rapidamente.[1]

Il lupo di Gubbio

Forse uno degli episodi più conosciuti della vita del Santo di Assisi è quello del lupo vorace ammansito a Gubbio; è trasmesso dal capitolo XXI dei *Fioretti*, in cui si narra *Del santissimo miracolo che fece santo Francesco, quando convertì il ferocissimo lupo d'Agobbio*:

Al tempo che santo Francesco dimorava nella città di Agobbio, nel contado d'Agobbio apparì un lupo grandissimo, terribile e feroce, il quale non solamente divorava gli animali, ma eziandio gli uomini; in tanto che tutti i cittadini stavano in gran paura, però che spesse volte s'appressava alla città; e tutti andavano armati quando uscivano della città, come s'eglino andassono a combattere, e con tutto ciò non si poteano difendere da lui, chi in lui si scontra-

---

[1] *Compilazione di Assisi*, 115: FF 1669.

va solo. E per paura di questo lupo e' vennono a tanto, che nessuno era ardito d'uscire fuori della terra. Per la qual cosa avendo compassione santo Francesco agli uomini della terra, sì volle uscire fuori a questo lupo, bene che li cittadini al tutto non gliel consigliavano; e facendosi il segno della santissima croce, uscì fuori della terra egli co' suoi compagni, tutta la sua confidanza ponendo in Dio. E dubitando gli altri di andare più oltre, santo Francesco prese il cammino inverso il luogo dove era il lupo. Ed ecco che, vedendo molti cittadini li quali erano venuti a vedere cotesto miracolo, il detto lupo si fa incontro a santo Francesco, con la bocca aperta; ed appressandosi a lui santo Francesco gli fa il segno della santissima croce, e chiamollo a sé e disse così: «Vieni qui, frate lupo, io ti comando dalla parte di Cristo che tu non facci male né a me né a persona». Mirabile cosa a dire! Immantanente che santo Francesco ebbe fatta la croce, il lupo terribile chiuse la bocca e ristette di correre; e fatto il comandamento, venne mansuetamente come agnello, e gittossi alli piedi di santo Francesco a giacere. E santo Francesco gli parlò così: «Frate lupo, tu fai molti danni in queste parti, e hai fatti grandi malifici, guastando e uccidendo le creature di Dio sanza sua licenza, e non solamente hai uccise e divorate le bestie, ma hai avuto ardire d'uccidere uomini fatti alla immagine di Dio; per la qual cosa tu se' degno delle forche come ladro e omicida pessimo; e ogni gente grida e mormora di te, e tutta questa terra t'è nemica. Ma io voglio, frate lupo, far la pace fra te e costoro, sicché tu non gli offenda più, ed eglino ti perdonino ogni passata offesa, e né li uomini né li cani ti perseguitino più». E dette queste parole, il lupo con atti di corpo e di coda e di orecchi e con inchinare il capo mostrava d'accettare ciò che santo Francesco dicea e di volerlo osservare. Allora santo Francesco disse: «Frate lupo, poiché ti piace di fare e di tenere questa pace, io ti prometto ch'io ti farò dare le spese continovamente, mentre tu viverai, dagli uomini di questa terra, sicché tu non patirai più fame; imperò che io so bene che per la fame tu hai fatto ogni male. Ma poich'io t'accatto questa grazia, io voglio, frate lupo, che tu mi imprometta che tu non nocerai mai a nessuna persona umana né ad animale: promettimi tu questo?». E il lupo, con inchinare di capo, fece evidente segnale che 'l prometteva. E santo Francesco sì dice: «Frate lupo, io voglio che tu mi facci fede di questa promessa, acciò ch'io me ne possa bene fidare». E distendendo la mano santo Francesco per ricevere la sua fede, il lupo levò su il piè ritto dinanzi, e dimesticamente

San Francesco e il lupo di Gubbio[1].

---

[1] Da F. SARRI, *I Fioretti di S. Francesco d'Assisi*, Firenze 1926.

lo puose sopra la mano di santo Francesco, dandogli quello segnale ch'egli potea di fede.

E allora disse santo Francesco: «Frate lupo, io ti comando nel nome di Gesù Cristo, che tu venga ora meco sanza dubitare di nulla, e andiamo a fermare questa pace al nome di Dio».

E il lupo obbidiente se ne va con lui a modo d'uno agnello mansueto; di che li cittadini, vedendo questo, fortemente si maravigliavano. E subitamente questa novità si seppe per tutta la città; di che ogni gente, maschi e femmine, grandi e piccioli, giovani e vecchi, traggono alla piazza a vedere il lupo con santo Francesco. Ed essendo ivi bene raunato tutto 'l popolo, levasi su santo Francesco e predica loro, dicendo, tra l'altre cose, come per li peccati Iddio permette cotali cose e pestilenze, e troppo è più pericolosa la fiamma dello inferno, la quale ci ha a durare eternalemente alli dannati, che non è la rabbia dello lupo il quale non può uccidere se non il corpo: «Quanto è dunque da temere la bocca dello inferno, quando tanta moltitudine tiene in paura e in tremore la bocca d'un piccolo animale. Tornate dunque, carissimi, a Dio e fate degna penitenza de' vostri peccati, e Iddio vi libererà del lupo nel presente e nel futuro dal fuoco infernale». E fatta la predica, disse santo Francesco: «Udite, fratelli miei: frate lupo che è qui dinanzi da voi, sì m'ha promesso, e fattomene fede, di far pace con voi e di non offendervi mai in cosa nessuna, e voi gli promettete di dargli ogni dì le cose necessarie; e io v'entro mallevadore per lui che 'l patto della pace egli osserverà fermamente». Allora tutto il popolo a una voce promise di nutricarlo continovamente. E santo Francesco, dinanzi a tutti, disse al lupo: «E tu, frate lupo, prometti d'osservare a costoro il patto della pace, che tu non offenda né gli uomini, né gli animali, né nessuna creatura?». E il lupo inginocchiasi e inchina il capo e con atti mansueti di corpo e di coda e d'orecchi dimostrava, quanto è possibile, di volere servare loro ogni patto. Dice santo Francesco: «Frate lupo, io voglio che come tu mi desti fede di questa promessa fuori della porta, così dinanzi a tutto il popolo mi dia fede della tua promessa, che tu non mi ingannerai della mia promessa e malleveria ch'io ho fatta per te». Allora il lupo levando il piè ritto, sì 'l puose in mano di santo Francesco. Onde tra questo atto e gli altri detti di sopra fu tanta allegrezza e ammirazione in tutto il popolo, sì per la divozione del santo e sì per la novità del miracolo e sì per la pace del lupo, che tutti incominciarono a gridare al cielo, laudando e benedicendo Iddio, il quale sì avea loro mandato santo Francesco, che per li suoi meriti gli avea liberati dalla bocca della crudele bestia.

E poi il detto lupo vivette due anni in Agobbio, ed entravasi dimesticamente per le case a uscio a uscio, sanza fare male a persona e sanza esserne fatto a lui, e fu nutricato cortesemente dalla gente, e andandosi così per la terra e per le case, giammai nessuno cane gli abbaiava drieto. Finalmente dopo due anni frate lupo sì morì di vecchiaia, di che li cittadini molto si dolsono, imperò che veggendolo andare così mansueto per la città, si raccordavano meglio della virtù e santità di santo Francesco. A laude di Gesù Cristo e del poverello Francesco. Amen.[2]

---

[2] *Fioretti*, XXI: FF 1852.

Della cucina di frate Ginepro

Si può definire quella di frate Francesco come una vita in relazione: con il Signore, la famiglia, coloro che assieme a lui formarono la fraternità evangelica presto diventata l'ordine dei Frati Minori, fino alle creature. Tra tutti questi un posto particolare spetta ai compagni, ossia coloro che furono vicini al Santo negli ultimi anni di vita e tra essi figura frate Ginepro, oriundo d'Assisi e morto a Roma nel 1258, dove è ancora sepolto nella Basilica dell'Aracoeli. Frate Giacomo Oddi nel Quattrocento ebbe a scrivere a suo proposito: «Quisto homo de Dio emprese tanto de li modi et costumi et vita de santo Francesco, che in ogne suo fatto et ditto se studiava di sequitarlo: et prima de la carità. Perché ello era laico, sempre se dava a servire li frati et fare li servitii per casa». Proprio a motivo di questi ultimi, si occupava di procurare cibo ai frati, soprattutto malati, e della cucina del convento, come illustrano i seguenti capitoli della *Vita di frate Ginepro*[3].

Come Frate Ginepro tagliò il piede ad uno porco, solo per darlo a uno infermo.
Fu uno degli elettissimi discepoli e compagni primarj di Santo Francesco, Frate Ginepro, uomo di profonda umiltade, di grande fervore e caritade; di cui Santo Francesco, parlando una volta con quelli suoi santi compagni, disse: Colui sarebbe buono Frate Minore, che avesse così vinto sé e 'l mondo, come Frate Ginepro. Una volta a Santa Maria degli Angeli, come infocato di caritade di Dio, visitando uno Frate infermo, con molta compassione doman-

---

[3] Cfr. G. Petrocchi (a cura di), *La vita di frate Ginepro. Testo latino e volgarizzamento*, Commissione per i testi di lingua, Bologna 1960.

dandolo: Possoti io fare servigio alcuno? Risponde lo 'nfermo: Molto mi sarebbe grande consolazione se tu mi potessi fare che io avessi uno peduccio di porco. Disse di subito Frate Ginepro: Lascia fare a me, ch'io l'averò incontanente, e va, e piglia uno coltello, credo di cucina; ed in fervore di spirito va per la selva dov'erano certi porci a pascere, e gittossi addosso a uno, e tagliagli il piede e fugge, lasciando il porco col piè troncato: e ritorna, e lava e racconcia e cuoce questo piede: e con molta diligenzia, apparecchiato bene, porta allo 'nfermo il detto piede con molta caritade: e questo infermo il mangia con grande aviditade, non senza consolazione molta e letizia di Frate Ginepro; il quale con grande gaudio, per far festa a questo infermo, ripetiva gli assalimenti che aveva fatti a questo porco. In questo mezzo costui che guardava i porci, e che vide questo Frate tagliare il piede, con grande amaritudine riferì tutta la storia al suo signore per ordine. E informato costui del fatto, viene al luogo de' Frati, e chiamandoli ipocriti, ladroncelli e falsarj, e malandrini e male persone. Perché avete tagliato il piede al porco mio? A tanto romore quanto costui facea, si trasse Santo Francesco e tutti li Frati, e con ogni umiltade iscusando i Frati suoi, e come ignorante del fatto, per placare costui, promettendogli di ristorarlo di ogni danno. Ma per tutto questo non fu però costui appagato, ma con molta iracundia, villania e minacce turbato si parte da' Frati, e replicando più e più volte, come maliziosamente aveano tagliato il piede al porco suo; e nessuna escusazione né promessione ricevendo, partesi così iscandalizzato. E Santo Francesco pieno di prudenzia, e tutti gli altri Frati stu-

pefatti, cogitò e disse nel cuore suo: Avrebbe fatto
questo Frate Ginepro con indiscreto zelo? E fece se-
gretamente chiamare a sé Frate Ginepro, e doman-
dollo dicendo: Aresti tu tagliato il piede a uno porco nella selva? A cui Frate Ginepro, non come persona che avesse commesso difetto, ma come persona che gli parea aver fatta una grande carità, tutto
lieto rispuose, e disse così: Padre mio dolce, egli è
vero ch'io ho troncato al detto porco uno piede; e
la cagione, Padre mio, se tu vuoi, odi compatendo.
Io andai per carità a visitare il tale Frate infermo; e
per ordine innarra tutto il fatto, e poi aggiunge: Io sì
ti dico, che considerando la consolazione che questo nostro Frate ebbe, e 'l conforto preso dal detto
piede, s'io avessi a cento porci troncati i piedi come
ad uno, credo certamente che Iddio l'avesse avuto
per bene. A cui Santo Francesco, con uno zelo di
giustizia e con grande amaritudine disse: O Frate
Ginepro, or perché hai tu fatto così grande iscanda-
lo? Non senza cagione quello uomo si duole, ed è
così turbato contra di noi; e forse, ch'egli è ora per
la Città diffamandoci di tanto difetto e ha grande
cagione. Onde io ti comando per santa obbedien-
zia, che tu corra dietro a lui tanto che tu il giunga,
e gittati in terra isteso dinanzi a lui e digli tua colpa,
promettendogli di fare soddisfazione tale e sì fatta,
ch'egli non abbia materia di rammaricarsi di noi;
che per certo questo è stato troppo grande eccesso.
Frate Ginepro fu molto ammirato delle sopraddette parole; e quelli attoniti stavano; maravigliandosi,
che di tanto caritativo atto a nulla si dovesse turba-
re, imperocché parea a lui, queste cose temporali
essere nulla, se non inquanto sono caritativamente

comunicate col prossimo. E rispuose Frate Ginepro: Non dubitare, Padre mio, che di subito io il pagherò e farollo contento, e perché debbo io essere così turbato, con ciò sia cosa che questo porco, al quale io ho tagliato il piede, era piuttosto di Dio che suo, ed èssene fatta così grande caritade? E così si muove a corso, e giugne a questo uomo, il quale era turbato e senza nessuna misura, in cui non era rimaso punto di pazienzia; e innarra a costui, come e perché cagione al detto porco egli ha troncato il piede; e con tanto fervore e esultazione e gaudio, quasi come persona che gli avesse fatto uno grande servigio, per lo quale da lui dovesse essere molto rimunerato. Costui pieno d'iracondia e vinto dalla furia, disse a Frate Ginepro molta villania, chiamandolo fantastico e stolto, ladroncello, pessimo malandrino. E Frate Ginepro di queste parole così villane niente curò, maravigliandosi, avvegna Iddio che nelle ingiurie si dilettasse: credette egli non lo avesse bene inteso, perocché gli parea materia di gaudio e non di rancore; e repeté di nuovo la detta storia, e gittossi a costui al collo e abbracciollo e baciollo; e dicegli come questo fu fatto solo per caritade, invitandolo e pregandolo similmente dello avanzo, in tanta caritade e semplicitade e umiltade, che questo uomo tornato in sé, non senza molte lagrime si gittò in terra; e riconoscendosi della ingiuria fatta e detta a questi Frati, va e piglia questo porco e uccidelo, e cottolo il porta con molta divozione e con grande pianto a Santa Maria degli Angeli, e diello a mangiare a questi santi Frati, per la compassione della detta ingiuria fatta a loro. Santo Francesco, considerando la semplicitade e la pazienzia nelle avversità del detto santo Frate Ginepro, alli compagni e alli altri circostanti disse: Così, fratelli miei, volesse Iddio che di tali Ginepri io n'avessi una magna selva!

Frate Ginepro al Ministro Generale: «Se non la mangi tu, tienimi la candela mentre la mangio io!».
Il Ministro Generale convocati tutti i frati insieme in capitolo, fece chiamare frate Ginepro; e, presente tutto il convento, lo riprese molto aspramente delle sopraddette campanelle dell'ornamento dello altare tagliate e spiccate; e tanto crebbe in furore, innalzando la voce, che diventò quasi fioco. Frate Ginepro di quelle parole poco si curò e quasi nulla, però che delle ingiurie si dilettava, quando egli era bene avvilito; ma per compassione della fiocazione del Generale, cominciò a pensare del rimedio. E ricevuta la rincappellazione del Generale, va frate Ginepro alla città e ordina e fa fare una buona scodella di farinata col butirro; e passato un buon pezzo di notte, va e ritorna e accende una candela e vassene con questa scodella di farinata alla cella del Generale e tanto picchia, che gli fu aperto. Quando il Generale vede costui colla candela accesa e colla scodella piena in mano, piano domanda: «Che è questo?». Rispose frate Ginepro: «Padre mio, oggi quando tu mi riprendevi de' miei difetti, mi avvidi che la voce ti diventò fioca, credo per troppa fatica; e però io cogitai il rimedio e feci fare questa farinata per te; però ti priego che tu la mangi, ch'io ti dico che ella ti allargherà il petto e la gola». Dice il Generale: «Che ora è questa che tu vai inquietando altrui?». Risponde frate Ginepro: «Vedi, padre, per te è fatta; io ti priego, rimossa ogni cagione, che

tu la mangi, però ch'ella ti farà molto bene». E il Generale, turbato dell'ora tarda e della sua improntitudine, comandò ch'egli andasse via, ché a cotale ora ei non volea mangiare, chiamandolo per nome vilissimo e cattivo. Vedendo frate Ginepro che né prieghi né lusinghe non valsono, dice così: «Padre mio, poi che tu non vuoi mangiare, e per te s'era fatta questa farinata, fammi almeno questo che tu mi tenga la candela, e mangerò io». E il Generale, come pietosa e divota persona, attendendo alla pietà e semplicità di frate Ginepro e tutto questo esser fatto da lui per divozione, risponde: «Or ecco, poi che tu vuoi, mangiamo tu e io insieme». Ed amendue mangiarono questa scodella della farinata per una importuna carità; e molto più furono recreati di divozione che del cibo. A laude di Cristo. Amen.

Come frate Ginepro fece una volta cucina ai frati per quindici dì.
Essendo una volta frate Ginepro in uno loghicciuolo di frati, per certa ragionevole cagione tutti i frati ebbono ad andare di fuori, e solo frate Ginepro rimase in casa. Dice il guardiano: «Frate Ginepro, tutti noi andiamo fuori, tu solo rimarrai; e però fa' che quando noi torniamo tu abbi fatto un poco di cucina a ricreazione de frati». Rispose frate Ginepro: «Molto volentieri; lasciate fare a me».
Essendo tutti i frati andati fuori, come detto è, dice frate Ginepro: «Che sollecitudine superflua è questa, che ogni dì di continuo uno frate stia perduto in cucina, che tutto quel tempo potrebbe spendere in orazione? Per certo, poiché questa volta io sono rimasto a cucinare, ne farò tanta che tutti i frati, e se

fossero ancora più, n'avranno assai quindici dì». E
così tutto sollecito va alla terra, e accatta parecchie
pentole grandi per cuocere, e procaccia carne fresca e secca e polli e uova ed erbe in copia, e ricoglie
legne assai, e mette a fuoco ogni cosa insieme, cioè
polli colle penne e uova col guscio e conseguente-
mente tutte l'altre cose.

Ritornando i frati al luogo, uno ch'era assai noto
della semplicità di frate Ginepro entrò in cucina, e
vede tante e così grandi pentole collo isterminato
fuoco, e ponsi a sedere e con ammirazione considera e non dice nulla; ragguarda con quanta sollecitudine frate Ginepro fa questa cucina. Però che il
fuoco era molto grande e non potea molto bene ap-
pressarsi a mestare le pentole, piglia un'asse e colla
corda la si legò al corpo molto bene stretta; e poi
saltava dall'una pentola all'altra, ch'era un diletto
a vederlo. Considerando ogni cosa con sua grande
recreazione, questo frate esce fuori di cucina e trova
gli altri frati e dice: «Io vi so dire che frate Ginepro
fa nozze». I frati ricevettono quel dire per beffe.

E frate Ginepro lieva quelle sue pentole da fuoco
e fa sonare a mangiare; ed entrano i frati a mensa e
viensene in refettorio con questa sua cucina, tutto
rubicondo per la fatica e per lo calore del fuoco, e
dice a' fratelli: «Mangiate bene, e poi andiamo tutti
a orazione, e non sia nessuno che cogiti più a questi
tempi di cuocere; però ch'io n'ho fatta tanta oggi,
che io n'arò assai più di quindici dì». E pose questa sua pultiglia alla mensa dinanzi a' frati, che non
è porco in terra di Roma sì affamato che n'avesse
mangiata. Loda frate Ginepro questa sua cucina,
per darle lo spaccio, e già egli vede che gli altri fra-

ti non ne mangiano, e dice: «Queste cotali galline hanno a confortare il celabro; e questa cucina vi terrà umido il corpo, ch'ell'è sì buona».

E stando i frati in tanta ammirazione e devozione a considerare la devozione e semplicità di frate Ginepro, il guardiano turbato di tanta fatuità e di tanto bene perduto, riprende molto aspramente frate Ginepro. Allora frate Ginepro si getta subitamente in terra ginocchione dinanzi al guardiano, e disse umilmente sua colpa a lui e a tutti i frati dicendo: «Io sono un pessimo uomo. Il tale commise il tale peccato, per che gli furono cavati gli occhi; ma io n'era molto più degno di lui. Il tale fu per i suoi difetti impiccato; ma io molto più lo merito per le prave operazioni, e ora sono stato guastatore di tanto beneficio di Dio e dell'Ordine». E tutto così amaricato si partì; e tutto quel dì non apparve, dove frate veruno fosse.

E allora il guardiano disse: «Frati miei carissimi, io vorrei che ogni dì questo frate, come ora, sprecasse altrettanto bene, se noi l'avessimo, e solo ce ne rimanesse la sua edificazione; però che grande semplicità e carità gli ha fatto fare questo».

A laude di Cristo. Amen.

Galleria fotografica

1. Maestro della tavola Bardi, *San Francesco con storie della vita e miracoli*, secondo quarto del XIII secolo (Firenze, Basilica di Santa Croce, Cappella Bardi).

2. Giotto, *Morte del cavaliere di Celano*, 1290 circa (Assisi, Basilica superiore di San Francesco).

3. *Quomodo micae panis convertebantur in hostiam quam fratribus dabat,* ms. inv. nr. 1266 (Roma, Museo Francescano).

4. *Quomodo coquinam insipidam faciebat cum pulvere,* ms. inv. nr. 1266 (Roma, Museo Francescano).

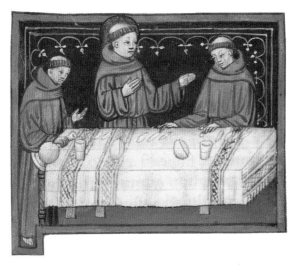

5. *Quomodo fratri famenti suasit comedere et comedit cum eo,*
ms. inv. nr. 1266 (Roma, Museo Francescano).

6. *Quomodo aquam mutavit in vinum,*
ms. inv. nr. 1266 (Roma, Museo Francescano).

7. *Quomodo ivit pro pane pransurus cum domino cardinali Ostiensi,*
ms. inv. nr. 1266 (Roma, Museo Francescano).

8. *Quomodo in die Pasc(h)ae ivit pro pane inter fratres suos,*
ms. inv. nr. 1266 (Roma, Museo Francescano).

9. *Quomodo ad maledictionem Francisci porca malefica infirmatur et moritur*, ms. inv. nr. 1266 (Roma, Museo Francescano).

10. *Quomodo navem latenter conscendens cum socio Deus sibi misit expensas*, ms. inv. nr. 1266 (Roma, Museo Francescano).

11. *Quomodo ivit Marochium ad Miramolinum convertendum,*
ms. inv. nr. 1266 (Roma, Museo Francescano).

12. *Quomodo denunciavit militem moriturum qui eum invitavit
ad prandium,* ms. inv. nr. 1266 (Roma, Museo Francescano).

13. Giovan Pietro Naldini (1578-1642), *Il banchetto di san Francesco e santa Chiara alla Porziuncola*, Collezioni del Museo di Palazzo Pretorio, Prato (collocazione temporanea: Palazzo Banci Buonamici).

14. *Il miracolo delle mele* (Santiago del Cile,
Museo de Arte Colonial de San Francisco).

15. *Il miracolo delle mele*, part. (Santiago del Cile,
Museo de Arte Colonial de San Francisco).

16. *San Francesco consolato dall'angelo allo Speco di Sant'Urbano* (Santiago del Cile, Museo de Arte Colonial de San Francisco).

17. *Il Capitolo delle Stuoie* (Santiago del Cile, Museo de Arte Colonial de San Francisco).

18. Antoni Viladomat y Manalt, *Il banchetto di san Francesco
e santa Chiara alla Porziuncola*, 1724-1733
(Barcellona, Museu Nacional d'Art de Catalunya).

19. Stefano Di Stasio, *Il pasto del Santo*, 2015.

Indice

Ringraziamenti

Per la gentile concessione delle immagini, si ringraziano:

Stefano Di Stasio, P. Yohannes Teklemariam (Museo Francescano di Roma), Santuario di San Pio da Pietrelcina (San Giovanni Rotondo, Fg), Museo di Palazzo Pretorio (Prato), Arcidiocesi di Spoleto-Norcia.